U0745934

中华文化风采录 | 古老历史遗产

惊世的考古

周丽霞◎编著

北方妇女儿童出版社

·长春·

版权所有　侵权必究

图书在版编目（CIP）数据

惊世的考古 / 周丽霞编著. 一长春：北方妇女
儿童出版社，2017.5（2022.8重印）
（古老历史遗产）
ISBN 978-7-5585-1067-0

Ⅰ．①惊… Ⅱ．①周… Ⅲ．①考古发现－介绍－中
国 Ⅳ．①K87

中国版本图书馆CIP数据核字（2017）第100673号

惊世的考古

JINGSHI DE KAOGU

出 版 人　师晓晖
责任编辑　吴　桐
开　　本　700mm×1000mm　1/16
印　　张　6
字　　数　85千字
版　　次　2017年5月第1版
印　　次　2022年8月第3次印刷
印　　刷　永清县晔盛亚胶印有限公司
出　　版　北方妇女儿童出版社
发　　行　北方妇女儿童出版社
地　　址　长春市福祉大路5788号
电　　话　总编办：0431-81629600

定　　价　36.00元

习近平总书记说："提高国家文化软实力，要努力展示中华文化独特魅力。在5000多年文明发展进程中，中华民族创造了博大精深的灿烂文化，要使中华民族最基本的文化基因与当代文化相适应、与现代社会相协调，以人们喜闻乐见、具有广泛参与性的方式推广开来，把跨越时空、超越国度、富有永恒魅力、具有当代价值的文化精神弘扬起来，把继承传统优秀文化又弘扬时代精神、立足本国又面向世界的当代中国文化创新成果传播出去。"

为此，党和政府十分重视优秀的先进的文化建设，特别是随着经济的腾飞，提出了中华文化伟大复兴的号召。当然，要实现中华文化伟大复兴，首先要站在传统文化前沿，薪火相传，一脉相承，弘扬和发展5000多年来优秀的、光明的、先进的、科学的、文明的和自豪的文化，融合古今中外一切文化精华，构建具有中国特色的现代民族文化，向世界和未来展示中华民族具有独特魅力的文化风采。

中华文化就是中华民族及其祖先所创造的、为中华民族世世代代所继承发展的、具有鲜明民族特色而内涵博大精深的优良传统文化，历史十分悠久，流传非常广泛，在世界上拥有巨大的影响力，是世界上唯一绵延不绝而从没中断的古老文化，并始终充满了生机与活力。

浩浩历史长河，熊熊文明薪火，中华文化源远流长，滚滚黄河、滔滔长江是最直接的源头，这两大文化浪涛经过千百年冲刷洗礼和不断交流、融合以及沉淀，最终形成了求同存异、兼收并蓄的辉煌灿烂的中华文明。

中华文化曾是东方文化的摇篮，也是推动整个世界始终发展的动力。早在500年前，中华文化催生了欧洲文艺复兴运动和地理大发现。在200年前，中华文化推动了欧洲启蒙运动和现代思想。中国四大发明先后传到西方，对于促进西方工业社会形成和发展曾起到了重要作用。中国文化最具博大性和包容性，所以世界各国都已经掀起中国文化热。

中华文化的力量，已经深深熔铸到我们的生命力、创造力和凝聚力中，是我们民族的基因。中华民族的精神，也已深深根植于绵延数千年的优秀文化传统之中，是我们的精神家园。但是，当我们为中华文化而自豪时，也要正视其在近代衰微的历史。相对于5000年的灿烂文化来说，这仅仅是短暂的低潮，是喷薄前的力量积聚。

中国文化博大精深，是中华各族人民5000多年来创造、传承下来的物质文明和精神文明的总和，其内容包罗万象，浩若星汉，具有很强的文化纵深感，蕴含丰富的宝藏。传承和弘扬优秀民族文化传统，保护民族文化遗产，已经受到社会各界重视。这不但对中华民族复兴大业具有深远意义，而且对人类文化多样性保护也有重要贡献。

特别是我国经过伟大的改革开放，已经开始崛起与复兴。但文化是立国之根，大国崛起最终体现在文化的繁荣发展上。特别是当今我国走大国和平崛起之路的过程，必然也是我国文化实现伟大复兴的过程。随着中国文化的软实力增强，能够有力加快我们融入世界的步伐，推动我们为人类进步做出更大贡献。

为此，在有关部门和专家指导下，我们搜集、整理了大量古今资料和最新研究成果，特别编撰了本套图书。主要包括传统建筑艺术、千秋圣殿奇观、历来古景风采、古老历史遗产、昔日瑰宝工艺、绝美自然风景、丰富民俗文化、美好生活品质、国粹书画魅力、浩瀚经典宝库等，充分显示了中华民族厚重的文化底蕴和强大的民族凝聚力，具有极强的系统性、广博性和规模性。

本套图书全景展现，包罗万象；故事讲述，语言通俗；图文并茂，形象直观；古风古雅，格调温馨，具有很强的可读性、欣赏性和知识性，能够让广大读者全面触摸和感受中国文化的内涵与魅力，增强民族自尊心和文化自豪感，并能很好地继承和弘扬中国文化，创造未来中国特色的先进民族文化，引领中华民族走向伟大复兴，在未来世界的舞台上，在中华复兴的绚丽之梦里，展现出龙飞凤舞的独特魅力。

汉代珍宝——马王堆汉墓与女尸

曾侯乙墓与编钟

　　湖北随州发现了2400多年前战国初期的曾侯乙墓，最为引人注目的是124件精美乐器，包括编钟等8种，被誉为先秦时期的"地下乐宫"，其中出土的编钟被誉为"稀世珍宝"。

　　曾侯乙墓墓葬不但有我国古代最完整、最大的一套青铜制曾侯乙编钟，还出土了其他乐器、礼器、漆器等随葬品共1.5万多件。

　　墓葬展示了那个时代的冶铁铸造水平、音乐发展水平等文明成果，是研究那个时代政治、经济、文化等方面的宝贵资料。

曾侯乙墓

Tomb of Marquis Yi of Zeng

曾侯乙墓来历神奇

■ 编钟上的镈

曾侯乙，姓姬名乙。据推定，他大约生于公元前475年，卒于公元前433年，是战国时期南方小国的国君。他不仅是一位熟谙车战的军事家，也是一位兴趣广泛的艺术家。

周朝在随国、曾国都封有同姓诸侯，在随州义地岗季氏梁一座春秋中期的墓葬中发现有两件铭文铜戈，器主季怡为曾国公族、曾穆侯之子西宫的后人。铭文中，季怡自称"周王孙"，证明曾侯本是周王的宗支。

据此推断，曾国为姬姓封国，作为其国君的曾侯乙与周天子同姓毋庸置疑，故曾侯乙也可称为"姬乙"。

从楚惠王送给曾侯乙的一件青铜镈上的31字铭文看，曾侯乙死于公元前433年或稍晚，通过对其尸骸的碳-14测定，可以推定曾侯乙的死亡年代在公元前433年至公元前430年之间，他死时年龄在42~45岁之间。

综合考虑，曾侯乙应当生于公元前475年或稍晚，在公元前463年前后成为诸侯王，在位约30年。

曾侯乙墓的遗物都表明，曾侯乙生前非常重视乐器制造与音律研究，同时还是擅长车战的军事家。

曾侯乙墓所在地名字叫擂鼓墩，擂鼓墩迄今有2000多年的历史了。

相传公元前605年，斗椒继任令尹之职。斗椒大权独揽，骄横跋扈，杀死主管军事的司马，趁楚庄王率军攻打随国之机，率若敖氏族人发动了叛乱。

这时，楚庄王已兵临随国城，并占领城南制高点。斗椒的叛乱使楚庄王腹背受敌。楚庄王在与斗椒的交战中连损几员大将，自己也险遭斗椒两箭。

正在危难之时，有人推荐了小将养由基，说他有百步穿杨之功。楚庄王叫养由基当场演试。

这时，恰好天上飞来一群大雁，养由基射出一箭将领头雁射落下来，人们捡来一看，正中大雁咽喉，

■ 曾侯乙墓出土的铜鹿角立鹤

镈 是一种形制接近于钟的乐器，不像钟口呈弧状，为平口。器身横截面为椭圆形。现在发现的镈有3件铭文上自名镈，其他的镈形制像镈而铭文中称为钟。

养由基 姬姓，养氏，名由基，他自小会射箭，成语"百步穿杨"说的就是他。"常蹲甲而射之，贯七札，人称神。"他双手能接四方箭，两臂能开千斤弓，被称为神箭手。

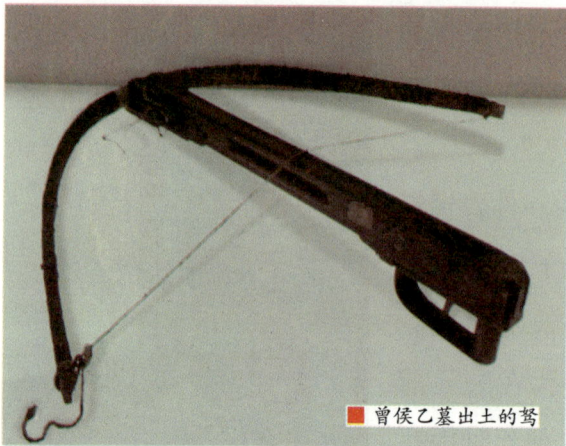
曾侯乙墓出土的弩

楚庄王大喜。

第二天两军对阵时，养由基提出要与斗椒比箭，他说："我愿让你先射我三箭，倘若不中，我只射你一箭。"

斗椒连发三箭，第一箭被养由基左手抓住，第二箭被右手抓住，斗椒第三箭瞅准养由基的咽喉狠命射去，养由基略略俯身，一口咬住箭头。

养由基丢下双手箭，取下口中箭，拉满弓，一箭射中斗椒咽喉。这时，叛军大乱，楚庄王亲自擂起战鼓，全歼叛军。楚庄王擂鼓处的高地从此便叫擂鼓墩。

这段神奇的传说在当地流传甚广。

擂鼓墩因为有那一段神奇的传说，历代县志均有记载，于是，便用"擂鼓墩"来为此墓冠名，将这个墓葬编号为随州擂鼓墩1号墓。

古人非常重视墓址的选择，认为墓地风水决定自己在阴间生活的幸福指数，甚至决定家族后代的兴衰。

曾侯乙作为国君，当然对此更为重视，也更有条件挑选一个中意的地点作为自己灵魂安息的地方。曾侯乙选择擂鼓墩作为墓址，是综合考虑了地理环境、地层岩性、地质构造等多种因素而决定的。

整个古墓群地带位于山峦起伏的丘陵上，山势走向为近南北走向垄岗地形，自西北蜿蜒而来，至此已到丘陵尽头。从最高处的厉山神农洞到擂鼓墩，山脉没有间断，99座山冈相连。

从东部的岗丘西望，擂鼓墩古墓群恰似一条巨龙仰卧在厥水西岸，曾侯乙墓所处的东团坡位于龙首，整个墓群高出河边平地约20

米。向东约700米，有自北往南流过的厥水；向南约2.5千米，有自西往东而来的涢水，两水在擂鼓墩的东南方向汇合。

擂鼓墩以其奇特的地形地貌，成为数百位国君和贵族的安息地。

在方圆4平方千米的擂鼓墩墓群范围内，均为红砂岩层地质构造。所有墓圹均为岩坑竖穴。墓群范围内均为高低起伏的丘陵，无一座高山，都处于厥水西岸的丘陵上，且顺着山脉走向依次排列。

墓群的东侧紧临河边冲积平原，西侧为高低起伏的岗丘，再西边也是冲积平原。在曾侯乙墓西100米左右的地方，还有一个比它略小的山包西团坡，此坡也为红砂岩地层，与曾侯乙墓所在的东团坡平行由北向南延伸。

在曾侯乙墓以北2千米处发现了王家包、蔡家包两处大型墓葬。从墓葬的形制和规模看，也应该是国君之墓，均保存完好。另外，还发现了吕家榜、王家塆、庙凹坡墓地。因此，擂鼓墩古墓群的面积由原来的0.75平方千米扩展至5.08平方千米。

红砂岩地层犹如铺在大地上的红地毯，真有布秀呈祥之气。风水

■ 古代战马铠甲

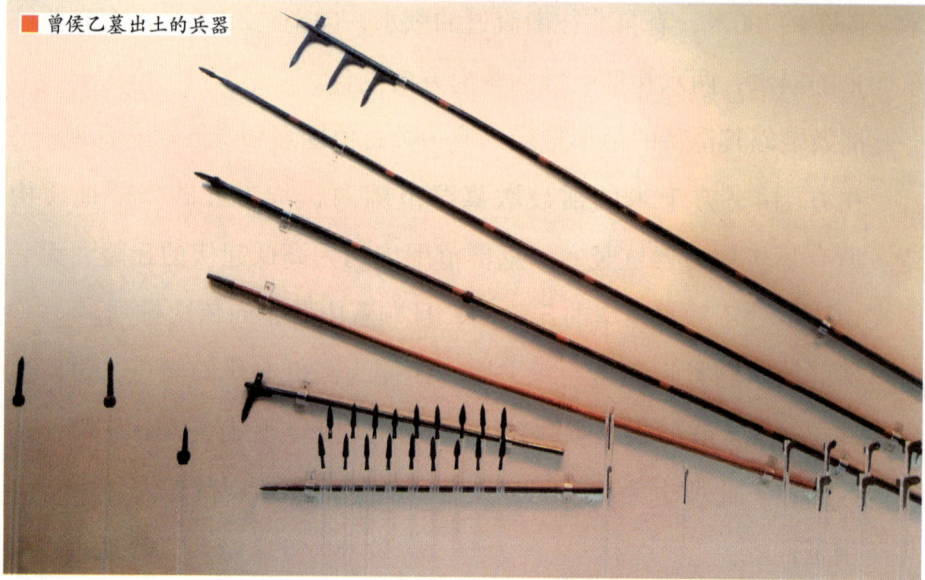
■ 曾侯乙墓出土的兵器

中的穴、砂、水、向"四灵"，这里都占有。

这正是擂鼓墩古墓数量众多的缘故，也是曾侯乙选择这里作为自己墓址的原因。

曾侯乙墓的各类随葬的物品达1.5万多件，其中有一件是青铜制的煎鱼盘，盘下放着木炭，盘上有一条鱼，鱼肉虽然已经腐烂消失，从鱼骨头的形态来看，这是一条鲫鱼。

我国的烹调技术素来闻名于世，烹饪讲究色香味，讲火功，讲制作，讲调味。但是整个人类的烹饪有一个发展过程，最开始是生食，除了植物以外，还有"茹毛饮血"，进而发展到熟食，熟食由直接火烤再发展到煮，最后到蒸。

在烹饪技术中，单是烧、烤、煮、蒸，是难以满足人们对色香味的追求，只有发展到煎炒，讲求火功，这一点才能做到。从新石器时代开始，就已有鬲、鼎、釜这类蒸煮之器，还没有发现煎炒之器。

而曾侯乙墓中的煎鱼盘，说明这个小国的君主曾侯乙在吃鱼方面已讲究煎炒的吃法了。

所以，曾侯乙墓中的煎鱼盘，也说明我国至少在东周时代已有了煎炒鱼类等烹饪的方法了，以后烹饪方法的不断改进，才做出了品种多样的菜肴来。

鱼的本身有一种腥味，这个腥味的来源是因为鱼的体内含有一种叫三甲胺的物质。在2000多年前，曾国的曾侯乙的厨师在烹调时却放入了一些梅来消除鱼腥味。

在曾侯乙墓出土的鱼骨中，就掺杂有不少这种梅核。这一方法，在我国的烹调史上，可能是比较早的实物资料了。

曾侯乙在饮酒的时候，还特别注意在酒里过滤掉其中一些沉淀的物质，往往夏季使酒降温，冬季使酒升温；墓中大量的果核中有花椒、山楂皮、山楂果、山楂干、芒耳等，综合这些原因，可以看出曾侯乙还是一位喜爱鲜鱼的美食家。

曾侯乙的侍卫们特别为其国君随葬两鼎鱼，并置备一件煎鱼用的随葬品，自然表明国君生前特别爱好的原因。

曾经在北宋的时候，就在湖北安陆的一些地方出土过两件有铭义的曾侯钟，铭文内容几乎与曾侯乙墓的铸钟铭文相同。

后来那件曾侯钟丢失了，但有关于铭文的拓片却一直流传了下来。而在

釜 是战国时期秦人使用的一种饮食器。形制近似于现在的罐，敛口束颈，口有唇缘，鼓腹圆底，口径小于腹径甚多，肩部有两个环状耳。

■ 三足鼎 鼎是我国青铜文化的代表。鼎在古代被视为立国重器，是国家和权力的象征。它也是旌功记绩的礼器。周代的国君或王公大臣在重大庆典或接受赏赐时都要铸鼎，以旌表功绩，记载盛况。最早的鼎是黏土烧制的陶鼎，后来又有了用青铜铸造的铜鼎，有三足圆鼎，也有四足方鼎。

安徽寿县朱家集楚干墓也发现一对有铭文的大型曾姬壶。

其形制为方口，有盖，盖有四"S"形纽，长颈，垂腹，方圈足。颈部附两虎形耳。盖上、颈部、圈足部均饰蟠虺纹。

曾姬壶两件壶铭相同，皆铸于壶口内壁，其铭文的内容是：

> 作：佳（唯）王廿又六年，圣之夫
> 人曾姬无卹，（吾）宅兹漾陵，蒿间之无
> （匹），用乍宗彝尊壶，后嗣甬（用）之，
> （职）在王室。

铭文涉及了曾国的历史及曾楚两国的关系。曾侯乙墓表明在战国初年在汉水以东地区，存在以"曾"

■ 曾侯乙墓展厅的
青铜镬鼎

蟠虺纹 青铜器纹饰之一。又称"蛇纹"。以蟠屈的小蛇的形象，构成几何图形。有的作二方连续排列，有的构成四方连续纹样。一般作主纹应用。商末周初的蛇纹，大多是单个排列；春秋战国的蛇纹大多很细小，作蟠旋交连状，旧称"蟠虺纹"。

为名的诸侯国。

随州城郊季氏梁一座春秋墓中有两件青铜戈，其中一件铭文为："周王孙季怡孔臧元武元用戈"；另一件铭文为："穆侯之子西宫之孙，曾大攻尹季怡之用"。后又表明此曾国为姬姓曾国。

同时，在湖北枣阳、京山、襄阳及河南省的新野等地区也有铭文显示属于曾国的铜器。但我国古籍记载的曾国地点却不在那一带，而那一带据记载曾有一个随国。

于是就有了"曾随合一"说，人们做出了不少推测：一种看法认为曾、随是同一国家，属于一国两名。

第一，铜器铭文中的曾国与文献记载中的随国族姓相同，均为姬姓封国。夏为姬姓，这已经得到了证实。而随的姓氏，也多见于文献记载。

《春秋左传正义》引《世本》说："随国，姬姓。"高诱注《淮

■ 曾侯尊盘

南子·览冥训》"随侯之珠"，也称随为姬姓。由此可见，曾、随都是姬姓，即两者姓氏相同。

第二，地望相同，均在随枣走廊为中心的这一带；时代一致，均在西周至春秋晚期或战国早期。曾国青铜器的年代，从东周初至战国时期的都有，有的可能还早至两周之际。类似情况我国历史上并不少见，如楚又称荆、魏又称梁、韩又称郑等。

第二种看法是说随国灭曾国、延姬姓宗嗣。早期曾国已被楚所灭，楚灭随以后，又在随地分封了一个曾国。据文献记载，随州及其附近地区在春秋和战国初年为随国之地，系西周天子所封的姬姓诸侯。

根据青铜器铭文，有一个曾国也为姬姓。因为在春秋前期，楚国

湖北省博物馆藏曾侯乙墓出土的九鼎八簋

逐渐强大，随国虽然不如楚国强大，却也是汉水东面的大国。

　　它常常同附近的一些小国联合起来抗拒楚国，楚、随之间经常征战。但在公元前640年，随联合汉东诸侯叛楚，楚国斗谷于菟率兵伐随，结果两国达成请和，随成了楚国的属国。

　　至公元前506年，吴人侵楚，楚昭王出奔抵随，随侯保护了楚昭王，从此楚、随关系发生了重大变化，由敌视变为友好，随国也因此强大起来。随国也仗着楚国的支持灭了姒姓的曾国，并迁都于曾，也就是西阳，并自称为"曾"，因之则姒姓的曾国变为姬姓的曾国了。

　　第二种看法就认为是曾灭随。根据史籍记载，在周初曾经有3个曾国。但实际上只有一个曾氏，是一个很古老的民族，史册上所记载的3个曾国都是他的后裔。但他们后来都被别国所灭。

　　随国以前曾经是汉水东面的一个姬姓的诸侯国，因为封地在两湖盆地的东北方向的地方，随国是这一带地域比较广阔的一个国家，《左传》中有"汉东诸国随为大"的说法。

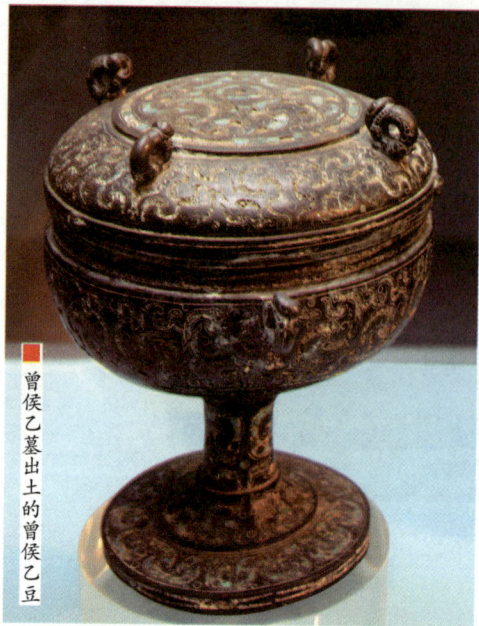
曾侯乙墓出土的曾侯乙豆

楚国虽说是一个属于异姓的国家，但是在接受册封之后却有着很大的发展，楚国也是一个正在一天天壮大起来的国家。在我国的史籍中就有楚国和随国友好往来的记载，但是楚国对随心存戒备，在无数次征战之后，楚国花费了特别大的代价，但是还是没有将随国除掉，随国就成了楚国的心腹之患。

平衡了各种的利害关系，楚国派遣曾氏进入随国，进行各种间谍活动来取得成功，把姬姓的随国从而变成曾氏的随国，从此之后，楚国和这个新的随国永远结束了战火连天的历史，取而代之的是血脉相连、生死与共的关系。

后来便有了楚昭王奔随，随国誓死保护了楚国的事情。曾侯乙墓的这个曾，正是在楚的帮助下灭了随国而建立起来的曾国。

阅读链接

1977年9月底，驻湖北省随州城郊擂鼓墩空军某部后勤雷达修理所进行营房扩建。一天上午，随州南郊擂鼓墩七组的20多位村民像往常一样挖土，挖着挖着，有个民工在离地面两三米深的地方，忽然发现了20余件古代青铜器。

1978年春，随州爆出了一条轰动全国乃至世界的新闻：在城西2000米一个叫擂鼓墩的地方，发掘了一座战国早期的大型木椁墓葬，即曾侯乙墓。

墓中出土了大量精美的文物，其中许多造型奇特、工艺精湛的文物是前所未有的珍品。

曾侯乙墓器物丰富

曾侯乙墓为我国古代战国初期曾国国君乙的墓葬。墓坑开凿于红砾岩中，为多边形竖穴墓，内置木椁，椁外填充木炭及青膏泥，其上为夯土。

曾侯乙墓墓葬坑和陪葬坑的形制，集中体现了战国初期殡葬制度的变化，在我国殡葬文化中，占有极其重要的地位。

曾侯乙墓呈"卜"字形，墓坑为多边形岩坑竖穴木椁墓。无墓道，也无台阶，呈南北向。

整个椁室由底板、墙板、盖板共171根巨型长方木铺垫垒叠

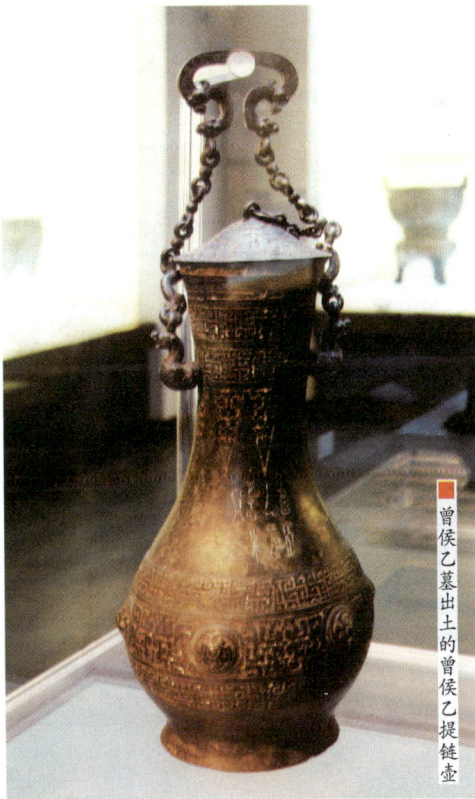

春秋 我国历史阶段之一。公元前770—公元前476年，我国儒家文化的创始人孔子曾经编了一部记载当时鲁国历史的史书，名叫《春秋》，而这部史书中记载的时间跨度与构成一个历史阶段的春秋时期大体相当，所以后人就将这一历史阶段称为春秋时期，基本上是东周的前半期。

■ 曾侯乙大曾缶

而成，使用成材楠木达500立方米。曾侯乙青铜架楠木彩绘主棺重达7000千克，椁内分为东、中、北、西4室。

曾侯乙墓棺由内棺和外棺组成。外棺是由青铜框架构成，框架由青铜浇铸而成，经过精确的榫接，主要起支撑作用。这些框架设计合理，制作精致。

内棺外面饰有彩绘门窗及守卫的神兽武士。

在东西南北的方位中，东方是太阳升起的地方，因而古人认为东为贵，于是，墓主居最大的东室。

中室放置随葬的礼乐器；北室放置兵器及车马器等；西室置殉人共13个，各配木棺，均为13~25岁的女性。棺室上部及周围填有厚厚的木炭，是用来防潮的。

木炭之上盖有一层半米厚的梓木方材，梓木上填有十多米厚的青膏泥黄褐土，这种土具有很强的密封作用。褐土上面密密排列着分别重达数吨的石条，叫作封顶石。再往上是厚厚的堆土层。

曾侯乙墓有陪葬坑共5处，位于曾侯乙墓西13米处，呈南北向排列。坑内共有器物500多件，主要为陶器和铜器两大类。陶器类均为生活用具，有罐、盘、钵、盆等；铜器类主要为战车构件和生产生活工具等。

通过考证，5处陪葬坑均为人工挖成，排列有序，属于一个整体。整排坑中轴线为北微偏东，方向与曾侯乙墓偏向相同。坑中器物排列、组合也是经过特意安排的。

一号坑属于储存战车的车库及修理战车用的工具库，其他4处除五号坑被严重盗掘未见殉葬品外，剩余3处殉葬品均为陶器，器物中盛储的可能是供祭的食品。

5处陪葬坑的下葬年代应为战国早期，即与曾侯乙墓同时代。

我国古代各时期的墓葬形制都不同，旧石器时代晚期已经出现了这种墓葬，至新石器时代黄河中下游地区出现竖穴土坑墓，新石器时代晚期出现了木棺和木椁。

至商朝出现了墓道，西周出现了用鼎制度，春

■ 曾侯乙透雕蟠龙纹鼓座 为战国早期青铜器。于1978年湖北随州擂鼓墩1号墓出土，圆锥形，座中央有一插入鼓柱的孔，周围纠结盘绕有16条圆雕龙，其上还附缠有小龙若干，龙身饰有鳞纹并嵌绿松石，鼓座底缘饰有蟠蛇纹，并对称设4个圆环提手，柱口沿内圈刻铭5字。鼓座是乐器建鼓的附件，用于承插建鼓贯柱，稳定建鼓。由此说明，鼓在当时已经成为人们常用的一种乐器。

■ 曾侯乙鼎

秋末年出现了高大坟丘、陵园，战国时期，地上形成了一套陵园设施，包括陪葬坑、陪葬墓等，地下多重棺椁也继续发展，在两周时期，形成了以多重棺椁和用鼎来规范墓主的等级制度，也就是丧葬的等级制度。

战国晚期，在洛阳一带出现了空心砖墓，这是一种新的墓葬形制。由于这个时期封建制刚刚建立，奴隶制残余还普遍存在，礼乐制度和宗法观念还在各地不同程度地起作用。

特别是在丧葬制度方面，奴隶制度的残余还相当严重，如殉人现象还没有绝迹，墓地还不能自由买卖。因此，曾侯乙墓有21人殉葬也就不足为奇了。

随着封建势力的不断增强，在用鼎制度方面已冲破了周礼所谓的天子用九鼎、诸侯用七鼎、大夫用五鼎、士用三鼎的规定，此时的诸侯王也开始用起了九鼎，曾侯乙墓的"九鼎八簋"就是一个明证。

战国墓地往往分布密集，排列有序，很少有打破族群关系的。墓地中贵族大墓和身份比较低的小墓相混杂的现象也比较常见，这显然是按血缘关系实行族葬的结果。

曾侯乙墓中有大量精美的青铜礼器、乐器、兵

战国 我国的战国时期指公元前475年至公元前221年。是我国古代重要的历史时期之一，其主体时间线处于东周末期。战国时期是华夏历史上分裂对抗最严重且最持久的时期之一，故被后世称之为"战国"。战国时期涌现出了大量为后世传诵的历史典故。

器、车马器，还有为数不少的金器、玉器和漆木竹器以及竹简等。

青铜礼器主要有镬鼎2件、升鼎9件、饲鼎9件、簋8件、簠4件、大尊缶1对、联座壶1对、冰鉴1对、尊盘1套2件及盥缶4件等。

青铜器中还有一件被定名为"鹿鹤"的，造型别致，引人注目。它是一只体态修长的仙鹤，头上长着两只鹿角，似乎在引吭高歌，展翅欲飞。

同时，墓中还有编磬、鼓、瑟、笙、排箫等大量乐器。而在一件漆木衣箱盖上，绘有包括青龙、白虎、北斗图形及二十八星宿名称的天文图像。另外，非常珍贵的是金盏、金杯、金带钩及长达0.48米的16节龙凤玉挂饰。

曾侯乙墓的漆器有200多件，是楚墓中年代最早也最为精彩的，其品类之全、器型之大、风格之古朴，体现了楚文化的神韵。

曾侯乙墓的竹简也是我国最早的竹简，共240枚，6696字。

当然，最令人叹为观止的是这个古墓中那规模巨大、保存完好的古代打击乐器曾侯乙编钟，

■ 曾侯乙簋

曾侯乙联禁铜壶

这套编钟为青铜铸造，共65件，包括楚惠王送的礼品镈，重2500多千克，设计精巧，造型壮观。

虽然在地下埋藏了2400多年，但编钟的音质还是很好，它的发现令世界震惊，被誉为"世界奇观中独一无二的珍宝""古代世界的第八奇迹"。

曾侯乙尊盘是由尊与盘两件器物组成的一套酒器，尊是盛酒器，盘是盛水器。尊置于盘中，是用来冰酒或者温酒的。

曾侯乙墓的青铜器代表着我国青铜器时代巅峰时期的技艺，而这件铜尊更是精品中的极品，堪称典范。该尊盘内共饰有84条龙和80条蟠螭。

尊的敞口，呈喇叭状，宽厚的外沿向外翻折，上饰玲珑剔透的有着透空的花纹，外表形状好像朵朵云彩在上下交叠。尊颈部饰蕉叶形蟠虺纹，蕉叶向上舒展，与颈顶微微外张的弧线相搭配，和谐统一。

在尊的颈与腹之间，装饰着4条圆雕豹形状的伏兽，躯体由蟠螭纹构成，兽沿着尊颈向上攀爬，回首吐舌，长舌垂卷如钩。

尊腹、高足皆饰细密的纹路，其上加饰高浮雕虬龙4条，整体看来层次丰富，主次分明。盘直壁平底，四龙形蹄足口沿上附有4只方耳，都装饰着蟠纹，与尊口风格基本相同。

在四耳的下方各有两条扁形镂空的龙，龙首下垂。四龙之间各有圆形雕式的蟠龙，首伏在尊口的边沿，与盘腹蟠纹互相辉映，从而突破了装饰蟠螭纹常有的过于丰满的僵硬感。

尤为重要的是，尊盘口沿上的镂空蟠螭纹装饰是用失蜡法铸造而成。镂空蟠螭纹装饰分为高低两层，内外两圈，每圈有16个花纹，每个花纹由形态不一的4对变形蟠螭组成。

表层纹饰互不关联，彼此独立，全靠内层铜梗支撑，而内层铜梗又分层联结，构成一个整体，达到玲珑剔透、层次分明的艺术效果。

盘内底的铭文有打磨痕迹，刻有"曾侯乙作持用终"字样，说明此器是曾侯乙从先君曾侯那里继承下来的。

尊和盘在口的边缘的制作手法也已经十分精细，用纹饰来进行单独的铸造、加工并且焊接，组成几大组带有小纹饰的单元，再经过焊接在内层托架的顶端。

曾侯乙尊盘的零部件数有上百件，其组装数量和复杂程度至今令人惊叹不已。

曾侯乙墓中共有两套精美的铜鉴缶，形制纹饰相同。鉴缶是古代用来冰酒或温酒的器具。鉴缶由方鉴和方缶组成，缶在鉴中。

曾侯乙墓鉴和缶均饰以变形蟠螭纹、勾连纹和蕉叶纹等，并且都有

■ 蟠龙席镇

曾侯乙漏铲

"曾侯乙作持用终"的铭文。

鉴的圈座附有四兽形足，四角，四边有一个攀伏的龙形耳，方形和曲尺形的附加装饰镂空，方盖面中空，以容纳方尊、缶颈，鉴的盖饰变形蟠龙纹、浮雕盘龙纹和勾连纹，鉴口沿、颈部、腹部及圈足分别饰以蟠龙纹和蕉叶纹。

鉴与尊缶之间有较大的空隙，夏天可以放入冰块，冬天则贮存温水，尊缶内盛酒，这样就可以喝到冬暖夏凉的酒。

在先秦墓葬中，很少发现金器，而在曾侯乙墓东室内却发现了金盏、漏匕、金杯、金镇、金带钩共9件，还有大量用于装饰的金箔。

盏是用于饮食的器具，金盏略呈半球形，弧腹，圆底，直口，盏体上有对称环形耳；下有3足，呈倒置凤首形；配有圆盖，盖面微鼓，顶部中心有环状钮，以四柱与盖面相连。

这件金盏带盖，盏内还有一把勺子，金盏全器饰有蟠螭纹、绚纹、雷纹、涡云纹等，那把金勺子一端镂空成变异的龙纹，所以又被称作金漏匕，非常精美。

金盏造型端庄，形体厚重，尺寸虽不甚大，但极具体量感；纹饰精致规整，以带状二方连续的形式表现出极强的秩序感，富有规律。整体看来，颇有商周青铜器的风韵。

我国古代把鹤、鹿看作是神鸟、瑞兽，是沟通人、鬼、神的媒介。曾侯乙墓的铜鹿角立鹤为鹿、鹤合体，放置在东室主棺的东边，可能意在引领墓主人灵魂升天，或祈求神灵佑护。

作品采用了楚艺术中常用的夸张变形的手法，生长在凤头的一对对称的鹿角呈圆弧形从两侧向中间合拢，完全改变了鹿角的自然形态，立凤伸出的长颈让人感到似乎有些比例失调。然而正是这些夸张变形，把一个神奇的巨鸟表现了出来。

整个作品突出了线条的造型功能，弧形的鹿角，长长的凤颈，拱起的凤背以及立凤那双有力的翅膀、双腿、双爪都由流畅的线条构成。弧线与直线的穿插运动，使整个作品具有了一种音乐的旋律美。

整个器物由鹤身、鹤腿、鹿角、两翅、座板共8个部分组装而成。座板都是单独铸造，可自由拆卸，然后采用子母榫扣接的方式连成一个整体，使得造型非常别致。

鹤引颈昂首伫立，钩形长嘴，两翼展开作轻拍状，拱背，垂尾，两长腿粗壮有力，下各有3爪立于

鹤 在我国历史上被公认为一等的文禽，它与生长在高山丘陵中的松树毫无缘分。但是由于鹤的寿命长达五六十年，人们常把它和松树绘在一起，作为长寿的象征。在我国古代的传说中，仙鹤都是作为仙人的坐骑而出现的，可见仙鹤在国人心中的印象是相当有分量的。

■ 曾侯乙箕

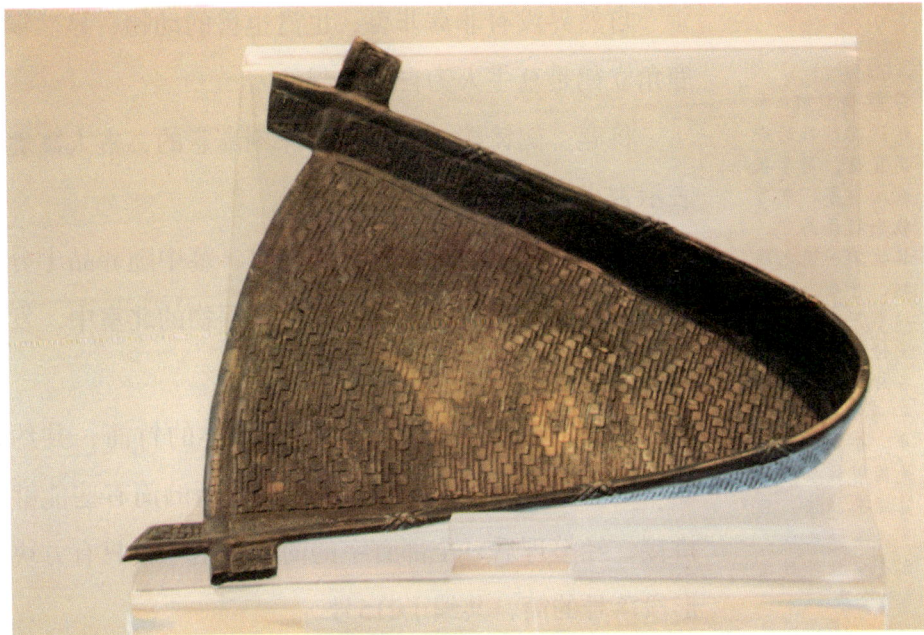

■ 曾侯乙墓出土的青铜薰

令尹 是楚国在春秋战国时期的最高官衔，是掌握政治事务、发号施令的最高官，其执掌一国之权柄，身处上位，以率下民，对内主持国事，对外主持战争，总揽军政大权于一身。令尹主要由楚国贵族当中的贤能来担任，且多为芈姓之族，亦有少数外姓之人为令尹。

长方形座板上。

鹤头左右两侧的鹿角向上呈圆弧状，并分出数支分叉。鹤头、颈与鹿角上饰涡云纹、三角云纹和圆圈纹；腹背饰斜宽道的羽毛状纹中夹以勾连三角纹和凸形脊纹；翅上铸浮雕的蟠螭纹和小圆圈纹；座板上铸勾连云纹、蟠螭纹、凤纹等。鹤的头、颈与鹿角均错金装饰，背脊和双翅的周边镶嵌着绿松石。

鹤嘴右侧有铭文7个字："曾侯乙作持用终"。鹿角立鹤在我国只发现了这么一件，堪为国之重宝。

自然界没有非禽非兽、也禽也兽的动物，显然铜鹿角立鹤是墓主人为自己特制的。

将鹿、鹤铸接在一起是有深刻寓意的，古人寓鹿表示吉祥，鹤则象征长寿。

曾侯乙是战国早期的曾国国君，墓中随葬品十分丰富。在堆放车马器、兵器、皮甲等物的北室中，发现了一批竹简。

曾侯乙墓出土的竹简是我国最早的竹简，共约240枚。大部分完整或基本完整，残断的简有些能够拼接，经整理后，全部有字的简，包括一枚只有方块形段落号的简，共编了215号。

从简上残存的编绳痕迹看，这批简原来是用上下两条绳编组起来的。绳痕上下的两个字，间距较大，可见是先编后写的。由于编绳早已朽断，并且有些简已经严重残损，各简原来的编次难以完全恢复。

曾侯乙墓竹简记载车名是最多的，共记载有40多种。简文记载了用于葬仪的车、马和为它们配备的车马器、兵器、甲胄等物的种类和数量，还往往标明某车为何人所御，某车、某马为何人所赠。

简文所记赠车者中有王、太子、令尹、鲁阳公、阳城君等人。鲁阳、阳城等都是楚邑，王、太子、令尹无疑也是楚国的。

曾侯乙墓竹简所记的车马和兵器，数量相当多。据现存的几个统计车数的简文，他人所赠之车共26乘，自备之车共43乘，总共69乘。在其他简文里还可以看到少量不能归入这个总数的车子。

甲胄 将士的防护性兵器。在冷兵器时代充当着极其重要的角色，它可以较大程度地保护将士身体免遭敌方进攻性兵器的重创，进而能够增强战斗力，并给敌方以更猛烈的打击。战国时期，甲胄主要以皮革制作，但也出现了铁甲胄，到西汉中期，铁甲胄已经占据了主要地位，至秦代时，甲胄日趋成熟和完善。

■ 曾侯乙匜、盘

二十八星宿 是古人为观测日、月、五星运行而划分的二十八个星区，用来说明日、月、五星运行所到的位置。每宿包含若干颗恒星。中国传统文化中的主题之一。广泛应用于我国古代天文、宗教、文学及星占、风水、择吉凶等术数中。史学界公认二十八星宿最早用于天文，所以它在天文学史上的地位相当重要。

■ 漆木鸳鸯盒

许多车子所驾的马和所载的兵器，简文里没有统计数字。据有关简文初步统计，马超过200匹，20件，包括50个左右戈头，戈为40余件，其他兵器尚未统计。

从《周礼》等书有关的记载来看，简文所记的车马多数不会用来从葬。

但是像曾侯这样身份的人，很可能有一定数量的遣车马埋在墓外的车马坑里。

随葬的木制用具主要在东室与中室，少量在北室及西室。有箱，包括衣箱、食具箱、酒具箱等，另外还有案、几、盒、杯、豆等。其中有不少工艺水平很高的器物。

5件衣箱都在东室，箱内物品已朽烂。器身为长方形，箱盖隆起，盖与身的四角均有把手。箱外以黑漆为地，绘红彩花纹；内涂红漆或黑漆。

其中一件箱盖上阴刻"紫锦之衣"的字样，并

曾侯乙墓出土的后羿射日木衣箱

绘有扶桑树、太阳、鸟、兽、蛇和人持弓射鸟的形象。一个角上还有漆书20个字。另有一件衣箱盖上，围绕北斗标有二十八星宿的名称位置，旁边画有青龙、白虎图像。这是我国关于二十八星宿全部名称最早的文字记载。

两件食具箱都位于中室。长方形，盖、底同大。盖、底两旁均钉铜扣，大概是便于拴绳携带。

器表里均涂黑漆。一件内装铜鼎两件、铜盒两件，铜盒置于铜鼎的三足之间；一件内装四环钮铜罐一件、铜勺一件、木盒笼格三层、方形高筒盒一件等。

中室还有一件酒具箱。长方盒形，外涂黑漆，内涂红漆。箱内装漆耳杯16件、圆木盒1件、小方盒4件、木勺2件、竹企2件。

中室的一件几由3块木板榫接而成。竖立两块木板为几足，平嵌一块木板做几面。全身黑漆为地，加简单的朱漆图案。

两件桶均置于北室。有一件保存较好，分为盖与身两部分，身为

■ 曾侯乙墓出土的兵器

鸳鸯　雌雄成对形影不离，雄左雌右，古人称为匹鸟。传说若然丧偶，配偶终身不再匹配。所以，很多人都送"鸳鸯戏水"图给新婚夫妇。千百年来，鸳鸯一直是夫妻和睦相处、相亲相爱的美好象征，也是中国文艺作品中坚贞不移的纯洁爱情的化身，备受赞颂。

一整木横凿雕成，即将一截整木凿成圆形，再将内部挖空。底平，边缘留三足，上部留下子口承盖，盖隆起。

全身内涂朱漆，外涂黑漆，身部上中阴刻3组图案。当中一组为三角几何纹，上下两组及盖为变异的云雷纹。

16件豆分别在东室与中室，分为有盖与无盖两种。无盖豆又有高、矮两种。东室所出4件盖豆较为精致。

其中一件，口椭圆形，胎较厚，盖隆起，盘较浅。豆盘两侧，附加两方形大耳，豆柄上粗下细，座大底平。盘、耳、柄、座是分别做成的，保存较好。

盖顶及耳上仿铜浮雕盘龙纹，衬以鲜艳的彩绘。豆满身以黑漆为地，用朱绘变形凤纹、菱形纹、网格纹等，少数地方加描金黄色。

竹制的用具主要有竹席、竹笥等，都已朽残。在停盖顶上，中室的停底板上和棺内以及有的器物上，都有"人"字形纹的竹席。

竹笥在东室和中室，有的内装瑟码。东室有一件小竹笥，盖已残破，器身长方形，用细篾编做"人"字形纹，在口部、肩部用宽蔑加固，出土时，内装木梳1把、小铜带钩1件、小圆木棒3根。

曾侯乙彩绘乐舞图鸳鸯形漆盒长0.2米，宽0.12米，高0.16米。形如一鸳鸯，颈下有一圆形榫头，嵌入器身颈部的卯孔，使头自由旋转。

器身肥硕，由两半胶合而成，内部挖空，背上有一长方形孔，承一长方形浮雕夔龙盖。翅膀微上翘，尾部平伸，足作蜷曲状。

全身以黑漆为地，施以艳丽的鳞纹、锯齿纹、菱格纹等。器腹右侧绘击鼓图，以兽为鼓座，上立建鼓，一旁绘一兽拿两个鼓槌正击鼓，另一旁绘一高大佩剑武士，正随着鼓声翩翩起舞。

器腹左侧绘撞钟图，以两鸟为立柱，立柱分为上下两层，上挂两钟，下悬二磬，旁有一似人似鸟的乐师，拿着撞钟棒正在撞钟。乐器所发出来的声音不分地域、不分疆土、不分国界、不分古今，是人类最通行最充满智慧的语言。

曾侯乙墓同样的铜尊缶发现了两件。两件大尊缶造型一样，大小相近，花纹相同，分别重292千克和327.5千克。这是我国先秦酒器中最大、最重的一件，堪称为"酒器之王"。

大尊缶不仅是盛酒的器皿，更是2500多年前曾国实力的象征。

尊缶为古代盛酒器，其造型起源于古代陶缶。这件

鼓 在远古时期，鼓被尊奉为通天的神器，主要是作为祭祀的器具。在狩猎征战活动中，鼓都被广泛地应用。鼓作为乐器是从周代开始。周代有八音，鼓是群音的首领，古文献所谓"鼓琴瑟"，就是琴瑟开弹之前，先有鼓声作为引导。鼓的文化内涵博大而精深，雄壮的鼓声紧紧伴随着人类，从远古的蛮荒一步步走向文明。

■ 曾侯乙墓出土的车轮

■ 战国髹漆木雕鹿 1978年，湖北随县曾侯乙墓出土。共两件，均木胎，通高86.8厘米，通长50厘米，形态稍异，一件四肢卷曲，昂首凝视，全身髹漆彩绘梅花瓣纹；另一件作小憩状，回首盘身伏卧，黑漆，装有高大的真鹿角，形象生动。现藏湖北省博物馆。

大缶，不但拥有足以傲视同类的巨大体型，器物的纹饰也显示了当时的时尚与新的装饰技巧。

盖面、器表由细密复杂的涡纹、重环纹、蟠螭纹、绚纹、雷纹、蕉叶纹、带纹、蟠蛇纹等构成，其特点是花纹花式统一、线条整齐划一，而且是一组一组构成的。这种如此繁复的花纹单纯用人工雕刻或者制模是难以想象的。

印模法虽然在技术上能有效地提高器物的精确度，但也会导致装饰纹样刻板，在一定程度上降低了器物造型的艺术价值。而这件大尊缶的花纹却富于变化，没有太多刻板之感。

大尊缶里面还残留着历经几千年的酒液，可见缶的密封性之好。

曾侯乙墓除了大量精美的青铜器、漆木器等外，还有大量精美的玉器。由于墓下葬年代清楚，为公元前433年或更晚一点，因而这批玉器就具有明确的年代界标作用。加之这批玉器数量大，品类多，有的制作又特别讲究，意义更非同一般。

缶 古代一种瓦质打击乐器。陶土烧制的器皿，大肚子小口，形状很像一个小缸或钵。圆腹，有盖，肩上有环耳；也有方形的。盛行于春秋战国时期。古人用作酒器，敲打时就成了乐器。乐器缶一般作为伴奏乐器使用，先从中原传至西域，中原少用后，西域仍在用，曾被秦继承，成为秦的特色乐器。

墓中所出的玉器种类繁多，按用途也可分为配饰、葬玉和其他3类。配饰既是生前用于佩戴的玉饰，也可以用于随葬，主要有璧、环、璜、玦、琼、力调、挂饰、弧、剑等，以及琢成环管状或人形的串饰，可见配饰之丰富。

葬玉是专用于随葬的一种玉器，将玉石雕刻成小动物，多放置在死者的口中或其他部位，目的是尸体不腐。葬玉主要有玉衣、玉琀、玉握、九窍玉塞、玉枕、玄璧、镶玉棺等。

玉器的琢制是一项非常艰苦的劳作，它需要经过选料、开料、造型、琢纹、抛光及钻孔、镂空和难度较大的分雕连接等工艺才能做成，每一道程序都要经过严格把关，细心对待。

此墓玉器在选择材料上都做到了因材施艺，根据工料外形设计切合题材的器物，连残损玉器和边角余料也加以利用。

同时，继承发扬了传统的巧用工料调色的工艺，将玉料上的瑕疵杂色巧妙地安排在物件的特殊部位，使之浑然一休。

曾侯乙墓共有玉佩24件，其中16件玉佩器形为单龙形。单龙玉佩中有5件谷纹卷龙形玉佩，分属两

蕉叶纹 蕉叶纹以芭蕉叶组成带状纹饰，特指以蕉叶图样作二方连续展开形成的装饰性图案。蕉叶纹最早出现于商代晚期的青铜器上。河南安阳殷墟妇好墓出土的兽面纹瓹、陕西扶风出土的鸟纹觯上均饰有蕉叶纹。早期蕉叶纹严格地讲实际上应是一种兽体的变形纹。如两兽躯体作纵向对称排列，一端较宽，一端尖锐，作蕉叶形式。

■ 曾侯乙墓出土的彩漆雕龙盖豆

凤 凤凰的简称。在远古图腾时代被视为神鸟而予以崇拜，比喻有圣德之人。它是原始社会人们想象中的保护神，经过形象的逐渐完美演化而来，象征美好与和平。也是古代传说中的鸟王，雄的叫凤，雌的叫凰，通称凤。是封建时代吉瑞的象征，也是皇后的代称。

■ 虎座鸟架鼓

对和一个单件。

较大的一对谷纹卷龙形玉佩，玉料呈青黄色，两件器形大同小异，龙体较窄，龙作俯首张口状，独角，躯体作回旋状。龙身伸出四足。龙体周边雕弦纹斜线轮廓周线，两面雕琢平面虺纹。

谷纹卷龙形玉佩中较小的那对玉佩右侧的那枚，玉料呈黄白色，龙体较窄。此对小玉佩两器大小基本相同。

不论是从艺术角度还是实用角度看，这些玉器都达到了既美观又实用的效果，这些也是当时南方工艺美术品的典型代表。

这些玉器的造型设计、图案布局、雕琢技巧等都显示了战国时期玉器工艺的高度成就。

战国时期堪称是我国玉器最辉煌最发达的时代。曾侯乙墓的玉器造型构思巧妙独特，纹饰多种多样，

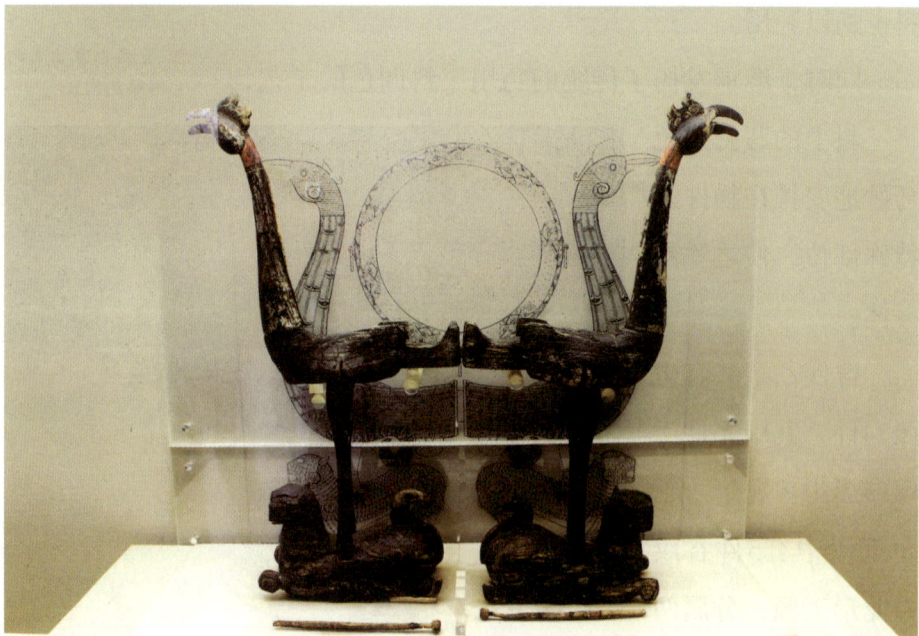

雕琢丰富精巧。

历来的所有玉器造型大多数是一坯一器，即用一块玉料制作一件固定的玉器，但是，在曾侯乙墓中却出现了多件由多块玉料多层套雕编缀在一起的组合活动的玉器，如16节龙凤饰、4节龙凤佩，均能活动折卷，并且造型新颖，构思奇特。

16节龙凤饰，青色，用5块玉料分别雕出16节龙、凤、璧、环形饰件，再用3个椭圆形活环及一根玉销钉将其连接成一串，可以折卷。活环上均有榫头和铜销钉。

镂空和浮雕龙蛇、凤、鸟，身饰蚕纹，间杂弦纹、云纹和绳纹等，是战国玉器中环节较多、纹饰复杂的一件，堪称玉雕作品中最佳的杰作。

墓中出土镂空多节玉佩，这件玉组佩设计巧妙，工艺高超，风格统一，透雕、浮雕、线刻、活环等技术炉火纯青。玉组佩始见于西周，至战国趋于全盛，成为极具特色的玉器品类。多节玉佩正是战国玉佩中环节最多、纹饰最繁的一件，代表了战国早期的典型风格。

镂空多节玉佩由5块玉料分别琢制而成，共26节，分为5组，由3个带金属销钉的镂空椭圆玉活环及一根玉销钉连缀，可拆可合。

每组内各玉片之间则经以玉套环相连。各部分

■ 曾侯乙匜鼎

曾侯乙墓与编钟

绳纹 古代陶器比较原始的装饰纹样，有粗绳纹和细绳纹两种。绳纹是在陶拍上缠上草、藤之类的绳子，在坯体上拍印而成的，有纵、横、斜并有分段、错乱、交叉、平行等多种纹路。是新石器时期至商周时期陶器最为常见的纹饰。

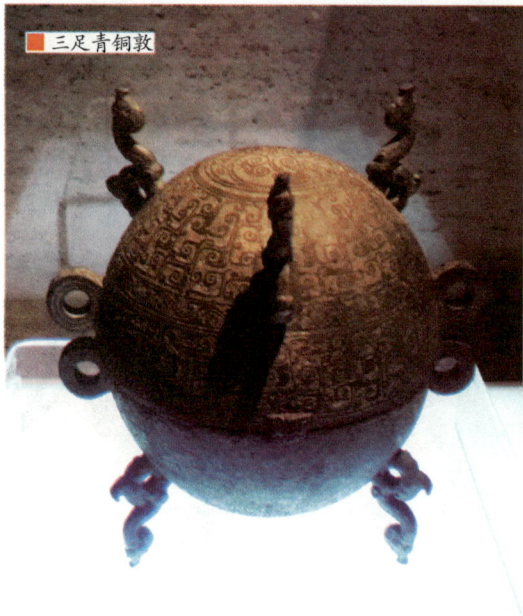
三足青铜敦

均以镂空、浮雕及线刻手法，饰龙蛇、凤鸟纹，并以蚕纹、弦纹、云纹、绳纹等作为辅助纹饰。其繁复的纹饰，还带有明显的春秋时期玉器装饰的风格。

墓中还有一些立体圆雕玉器，大多数为动物的形状，特别富有动态。生动活泼的动物，活灵活现，极具观赏性，从墓中出土的玉器可以看出做工的细致精巧。

战国玉器是我国玉雕史上的一个高峰，曾侯乙墓玉器是这个时期的重要代表之一。曾侯乙墓是曾国君主乙的墓葬，其年代当不晚于公元前473年，属战国早期。其所出大量玉器质美工精，展现了战国时期玉雕发展的新面貌。

阅读链接

曾侯乙墓开发以来，随州市一直高度重视保护工作。1978年发掘结束后，立即对墓坑进行了保护。按照国家文物局的意见，在墓坑上兴建了保护棚。

1980年前后，保护棚建成开放，供游客参观。为了更好地保护墓坑木椁，便于游客参观，1998年，国家文物局批准对墓坑木椁进行原地疏干脱水保护，后来又修复了木椁。曾侯乙墓遗址博物馆内陈列有墓葬部分文物实物和图片，观众还可以观看到当年发掘过程的纪实电影等。

曾侯乙墓神奇的编钟

在曾侯乙墓中最为辉煌、堪称"国之瑰宝"的，要数庞大的乐器组合编钟了。曾侯乙编钟是我国发现数量最多、保存最好、音律最全、气势最宏伟的一套乐器编钟。

■ 曾侯乙编钟

曾侯乙编钟局部

钟是一种打击乐器，多用于祭祀或宴饮时。最初的钟是由商代的铜铙演变而来，按其形制和悬挂方式，又有甬钟、钮钟、镈钟等不同称呼。频率不同的钟依大小次序成组悬挂在钟架上，形成合律合奏的音阶，称之为编钟。

音的高低和钟的大小直接相关。商代的钟为3件一套或5件一套，西周中晚期有8件一套的，东周时增至9件一套或13件一套。春秋战国时期编钟风靡一时，和其他乐器如琴、笙、鼓、编磬等，成为王室显贵的陪葬重器。

曾侯乙编钟数量多、规模大，按大小和音高为序编成8组，悬挂在3层满饰彩绘花纹的铜木结构的钟架上。编钟的形体和重量是上层最小，中层次之，下层最大。最小的一件重2400克，最大的一件重203.6千克。它们的总重量在2500千克以上，重量和体积在编钟中是罕见的。

编钟的钟架为铜木结构，呈曲尺形，由6个佩剑的青铜武士和几根圆柱承托着。横梁木质，绘饰以漆，横梁两端有雕饰龙纹的青铜套。

中下层横梁各有3个佩剑铜人，以头、手托顶梁架，中部还有铜柱加固。铜人着长袍，腰束带，神情肃穆，是青铜人像中难得的佳作。以铜人作为钟座，

浮雕是雕塑与绘画相互结合的产物，采用压缩的方法来对对象进行处理，展现三维空间，并且可以从一面或者是两面进行观看。浮雕一般是附着在另一个平面上，所占空间小，所以经常用来装饰环境。浮雕的主要材料有石头、木头、象牙和金属等。

使编钟更显华贵。

最上层3组19件为钮钟，形体较小，有方形钮，有篆体铭文，但铭文呈圆柱形，枚为柱状，字较少，只标注音名。

中下两层钟是编钟的主体部分，分为3组，这3组钟形制各异，第一套称为"琥钟"，由11件长乳甬钟组成；第二套称为"赢司钟"，由12件短乳甬钟组成；第三套称为"揭钟"，由23件长乳甬钟组成。甬钟有长柄，钟体遍饰浮雕式蟠虺纹，细密精致。

钟上有错金铭文，除"曾侯乙作持用终"外，都是关于音乐方面的。在鼓中部和左面标出了不同音高，如宫曾、商曾、羽曾等22个名称；另一面铸有律名、调式和高音名称以及曾国与楚、周、齐、晋的律名和音阶名称的对应关系。

气势磅礴、雄伟壮观的65件曾侯乙编钟里有一件

琴 古代弦乐器，又称瑶琴、玉琴。最初是5根弦，后加至7根弦。古琴的制作历史悠久，许多名琴都有可供考证的文字记载，而且具有美妙的琴名与神奇的传说。琴，作为一种特殊的文化，概括与代表着古老神秘的东方思想。古琴，目睹了中华民族的兴衰，反映了华夏传人的安详寂静、洒脱自在的思想内涵。

■ 曾侯乙墓出土的编钟

惊世的考古

湖北省博物馆里的曾侯乙编钟

铭文 又称金文、钟鼎文，指铸刻在青铜器物上的文字。与甲骨文同样为我国的一种古老文字，是华夏文明的瑰宝。本指古人在青铜礼器上加铸铭文以记铸造该器的原由、所纪念或祭祀的人物等，后来就泛指在各类器物上特意留下的记录该器物制作的时间、地点、工匠姓名、作坊名称等的文字。

与众不同、自成一体，它叫镈钟。这件镈钟悬挂在巨大的曲尺形钟架最下层中间最显眼的位置。

镈钟形体硕大，钮呈双龙蛇形，龙体卷曲，回首后顾，蛇位于龙首之上，盘绕相对，姿势跃然浮现。器表也做蟠虺装饰，枚扁平。

镈钟形制独特，花纹繁缛，制作精美，是青铜器中的精品。镈钟中部镌刻有31字的铭文，其意思是说，公元前433年，楚惠王熊章从西阳回来，专门为曾侯乙做了这件镈钟，作为礼品送到西阳，让曾侯永世享用。

经研究发现，铭文的内容与其他钮钟、甬钟的铭文内容完全不同，没有一字是涉及乐律方面的，说明镈钟与曾侯乙编钟无关，原本就不是一套的，可能是下葬时临时加进去的，它把下层最大的一件编钟挤掉了，将其悬挂在最显眼的位置，表示对楚国的尊重。

楚国给曾国送如此厚重的礼品，说明曾、楚两国的友好关系非同一般。春秋战国时期，楚国是七雄中的强国，在楚怀王以前，楚国是相当强大的，所以苏秦说："地方五千里，带甲百万，车千乘，骑万匹，粟支十年。"

如此强大的楚国为什么会给小小的曾侯送那么厚重的礼品呢？

《史记》和《楚世家》都记载了"楚昭王奔随"这个故事：公元前506年，吴王阖闾和他的兄弟夫概率兵攻打楚国，五战获胜，最后攻破了楚国的都城郢，即现在的江陵。

当时，吴国手握军事大权的统帅伍子胥也参与了这次伐楚战争，占领楚国后，伍子胥和伯嚭大夫为了报杀父之仇，于是命士兵将楚平王的坟墓掘开，拖尸于棺外，用皮鞭抽打其尸体，然后暴尸于荒野。

大夫 古代官名。西周以及先秦诸侯国中，在国君之下有卿、大夫、士三级。大夫世袭，有封地。后世遂以大夫为一般任官职之称。秦汉以后，中央要职有御史大夫，备顾问者有谏大夫、中大夫、光禄大夫等。至唐宋尚有御史大夫及谏议大夫之官，明清时废。又隋唐以后以大夫为高级官阶之称号。

■ 曾侯乙墓编钟局部特写

■ 曾侯乙墓出土的编钟

云梦泽 因"云梦"而得名，但两者并非指同一概念。春秋时，梦在楚国方言中为"湖泽"之意，与潴相通，由于长江泥沙沉积，云梦泽分为南北两部分，长江以北成为沼泽地带，长江以南还保持着浩瀚的水面，称之为洞庭湖，洞庭湖古也称云梦。

破城之时，楚昭王慌忙从郢都逃到云梦泽，被吴军射伤。楚昭王又急忙逃到郧国，郧国国君的弟弟认为楚昭王不仁不义，要杀他。于是，楚昭王来不及喘息，再次逃到随国，这就是古代历史上有名的"楚昭王奔随"。

吴王阖间听说楚昭王逃到随国，立即率众兵赶往随国。这时候，随侯，即曾侯紧闭城门，调遣兵力，加强防卫。

吴王阖间赶至城下对随侯说："周天子的子孙，分封在江汉流域的，都被楚国灭掉了，你国迟早也会被楚国灭掉，还是早点把他交出来，让我杀掉他。"

吴王阖间要率兵亲自进城寻找，随侯坚决不肯，并说："随与楚国世代友好，你不要再说了。楚昭王不在随国，他已经逃走了。"

吴王没办法，只好带兵离开随国回楚都郢去了。

就这样随侯保护了楚昭王，楚昭王因此而感激随侯。

恰在这时，楚国的援军赶到了，将吴军打得大败，吴王阖闾的弟弟夫概见大势已去，自己带兵回到吴国自立为王了。

吴王阖闾得知这一消息后，慌忙带兵离开了楚国的郢都回到吴国。楚昭王因此得以保全了性命，回国复位。

镈钟铭文上的楚惠王熊章正是楚昭王的儿子。为了报答曾侯乙的救父之恩，楚惠王才将如此精美的镈钟送给了他。

江汉诸国尽灭于楚，唯曾独存，也可能就是因为曾、楚两国世代友好的原因。

与曾侯乙编钟相伴的有一套编磬，是古编磬中的杰出代表。青铜鎏金的磬架，呈单面双层结构。

编磬的主架为青铜错金磬架，是由　对圆雕集龙首、鹤颈、鸟身、鳖足为一体的怪兽铜立柱，咬合着两根铜杆作为横梁，兽顶插附的立柱从腰、顶两处与横梁榫接。横梁杆底等距有焊铸铜环，用于挂磬钩，

磬 是一种石制的打击乐器，是我国最古老的民族乐器，它造型古朴，制作精美，形状大多呈上弧下直的不等边三角形。磬乐器历史非常悠久，它在远古时期的母系社会，曾经被称为"石"和"鸣球"。石磬是以坚硬的大理石或玉石制成，其次是青石和玉石。石磬上作倨句形，下作微弧形。石磬大小厚薄各异，石质越坚硬，声音就越铿锵洪亮。

■ 曾侯乙墓中出土的独特编钟

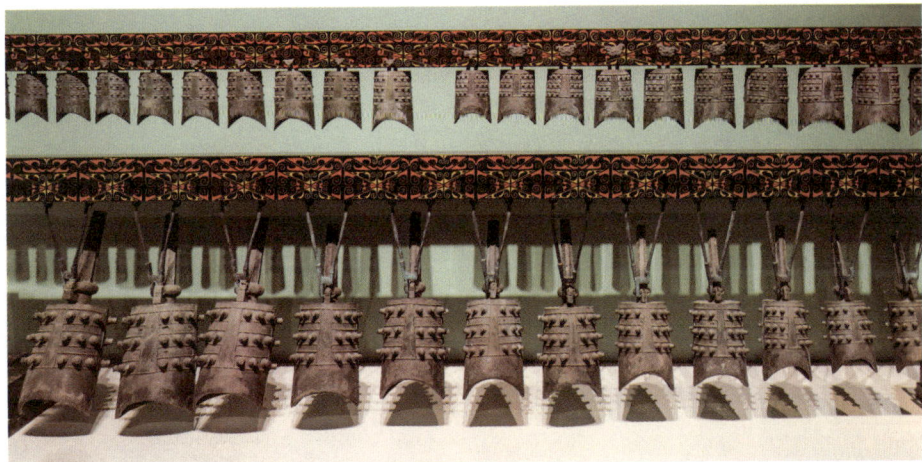

磬架施线条流畅的错金云纹。

据研究，全架编磬原有41块，每磬发一音，为12半音音列，音域跨3个8度，音色清脆明亮而独具特色。

磬块上也有与钟铭相通的墨书和刻文，内容是编号、标音及乐律理论。

其精美的磬架、众多的磬块、明确的编悬状态、完备的配件，还有配套的装磬之匣和磬槌，均为世上罕见。

曾侯乙编磬的规模最大，制作工艺是最高超的，音乐性能是最好和最完善的，磬音铿锵、清越、明亮、穿透力强，音量虽不如钟大，但不易被钟声所掩。

曾侯乙编磬展示了3个8度的音乐风貌，丰富的半音显示了旋宫转调的功能。更令人惊叹的是其中的最高音竟与钢琴的最上一键相同。

它与编钟合奏，真可谓金石齐鸣，悦耳动听，充分反映了古代设计制造定音乐器方面的辉煌成就，也加深了人们对古代宫廷乐队音域范围和演奏水平的认识。

据研究、推想，曾侯乙编钟演奏时应由3名乐工，执"丁"字形木槌，分别敲击中层3组编钟奏出乐曲的主旋律，另有两名乐工，执大木棒撞击下层的低音甬钟，作为和声。

阅读链接

曾侯乙编钟现藏于武汉市的湖北省博物馆内。虽然在地下埋藏了2400多年，但编钟的音质还是很好。编钟的出土令世界震惊。

曾侯乙编钟是我国古代文明的优秀结晶，它的出土填补了我国在考古学、音乐史和冶炼史上的许多空白，在国内外学术界都享有很高的声誉。

此后，随州也因此而被称为"古乐之乡"。

秦始皇陵与兵马俑

秦始皇陵位于陕西西安临潼的骊山脚下，陵冢高76米，陵园布置仿秦都咸阳，分为内外两城，内城周长2.5千米，外城周长6.3千米，是世界上规模最大、结构最奇特、内涵最丰富的帝王陵墓之一。其工程之浩大、气魄之宏伟，创历代封建统治者奢侈厚葬的巅峰。

秦始皇陵兵马俑的发现是我国最壮观的考古成就之一，充分表现了2000多年前我国人民巧夺天工的艺术才能，是中华民族的骄傲和宝贵财富，被誉为"世界第八奇迹"。

秦始皇陵气魄宏伟

　　秦始皇嬴姓，赵氏，名政，秦庄襄王之子，公元前259年出生于赵国邯郸，公元前246年13岁即位秦王，22岁加冕亲政。

　　秦始皇是我国历史上一位杰出的政治家、军事家。他先后灭掉了

辛俑和马俑

韩、赵、魏、楚、燕、齐6个诸侯国，彻底结束了战国群雄割据的历史，建立了我国历史上第一个统一的、多民族的、中央集权的郡县制的秦王朝。

秦始皇这位叱咤风云的旷世君主，不仅为后人留下了千秋伟业，还留有一座神秘莫测的皇家陵园。秦始皇陵是我国第一座皇家陵园，以其规模宏大、埋藏丰富著称于世。

■ 军吏陶俑

秦始皇陵工程之浩大、气魄之宏伟，创历代封建统治者奢侈厚葬的先例。

秦始皇陵南依骊山的层峦叠嶂之中，山林葱郁。北临透迤曲转、似银蛇横卧的渭水之滨。高大的封冢在巍巍峰峦的环抱之中与骊山浑然一体，景色优美，环境独秀。

陵墓规模宏大，气势雄伟，陵园总面积56.25平方千米。陵上封土原高115米，后余76米。

陵园内有内外两重城垣，内城周长3840米，外城周长6210米。内外城郭有高8~10米的城墙，尚残留遗址。墓葬区在南，寝殿和便殿建筑群在北。

战国时期一些国君陵园的营造往往都少不了平面设计图。秦始皇陵园的营建按理也应该有平面规划图，而制图之前先要选择墓地。

骊山以它特有的温泉和风景而闻名于世。西周末年的周幽王与爱妾褒姒曾在这里演出了一场"烽火戏诸侯"的历史闹剧，从而葬送了西周王朝。

秦始皇陵与兵马俑

烽火戏诸侯 相传西周末年，周幽王娶了一位貌若天仙的女子，名曰褒姒，可遗憾的是褒姒自进宫以来从未开颜一笑，于是周幽王便采纳了虢石父的计谋，无故点燃狼烟，引得四方诸侯前来救驾，当众诸侯汗流浃背赶来时，褒姒看见众臣的狼狈样，果真"扑哧"一声笑了。公元前771年，犬戎入侵西周。当周幽王再次点燃烽火时，却无人来救，西周因此灭亡。

郦道元（约466-527年），北朝北魏地理学家、散文家。他游历泰岭、淮河以北和长城以南广大地区，考察河道沟渠，收集有关的风土民情、历史故事、神话传说，撰《水经注》40卷。文笔隽永，描写生动，既是一部内容丰富多彩的地理著作，也是一部优美的山水散文集。

相传秦始皇生前在骊山与神女相遇，游览过程中欲戏神女，神女盛怒之下，朝他脸上唾了一口，秦始皇很快就长了一身的烂疮。

虽然这是一个神话故事，但隐隐约约可以看出秦始皇与骊山似乎有些缘分。

古人把墓地的选择看作是一件造福于子孙后代的大事，尤其像秦始皇这个企图传之于万世的封建帝王，自然对墓地的位置更加重视。

秦始皇之所以要安葬在骊山之侧，据北魏时期的郦道元解释：

秦始皇大兴厚葬，营建冢圹于骊戎之山，一名蓝田，其阴多金，其阳多美玉，始皇贪其美名，因而葬焉。

不过也有人认为，秦始皇陵选在骊山之阿是取决于当时的礼制。陵墓位置的确立与秦国前几代国君墓的位置不无关系。秦始皇先祖及太后的陵园葬在临漳

■ 秦始皇陵博物馆里的兵马俑

气势恢宏的兵马俑

县以西的芷阳一带，秦始皇陵园选在芷阳以东的骊山之阿是当时的礼制所决定的，因为古代帝王陵墓往往按照生前居住时的尊卑、上下排列。

大约自春秋时期开始，各诸侯国国君相继兴起了"依山造陵"的风气。许多国君墓不是背山面河，就是面对视野开阔的平原，甚至有的国君墓干脆建在山巅之上，以显示生前的崇高地位和皇权的威严。

春秋时期的秦公墓也受这种观念的影响，有的"葬西山"，有的葬在陵山附近。战国时期的秦公墓依然承袭了依山造陵的典范，而秦始皇陵墓造在骊山之处也完全符合依山造陵的传统观念。它背靠骊山，面向渭水，而且这一带有着优美的自然环境。

整个骊山唯有临潼县东至马额这一段山脉海拔较高，山势起伏，重峦叠嶂。

从渭河北岸远远眺去，这段山脉左右对称，似一

礼制 我国历史悠久，拥有五千年文明，号称礼仪之邦。古代社会与国家管理方式既非法制社会，也非通常人们认定的人治社会，而是礼法社会。礼制是德治梦想的具体化，通过礼仪定式与礼制规范塑造人们的行为与思想；通过法律的惩罚来维护礼法的绝对权威。

■ 卒俑和马俑

巨大的屏风立于始皇陵后，站在陵顶南望，这段山脉又呈弧形，陵位于骊山峰峦的环抱之中，与整个骊山浑然一体。

在秦始皇陵的东侧，有一道人工改造的鱼池水，在《水经注》曾记载：

> 水出骊山东北，本导源北流。后秦始皇葬于山北，水过而曲行。东注北转，始皇造陵取土，其地于深，水积成池，谓之鱼池也——池水西北流途经始皇冢北。

可见鱼池水原来是出自骊山东北，水由南向北流。后来修建秦始皇陵时，在陵园西南侧修筑了一条东西向的大坝，坝长1000余米，平均宽40多米，最宽处达70余米，坝高2~8米，它就是人们通常所说的五岭遗址。

《史记》由西汉司马迁撰写的我国第一部纪传体通史，记载了上自上古传说中的黄帝时代，下至汉武帝太史元年间共3000多年的历史。与《汉书》《后汉书》《三国志》合称"前四史"。与宋代司马光编撰的《资治通鉴》并称"史学双璧"。

正是这条大坝将原来出自骊山东北的鱼池水改为西北流，绕秦始皇陵东北而过。

可见当年的温泉与西北的鱼池水相对应。由此不难发现秦始皇陵的风水特点是南面背山，东、西两侧和北面形成三面环水之势。

另外，如果从高空俯瞰，自骊山到华山好像一条龙，秦始皇陵正好位于龙头眼睛的位置。我国自古就有"画龙点睛"之说，到底是古人有"高瞻远瞩"的本领，还是后人附会之风过重？

秦王朝是我国历史上辉煌的一页，秦始皇陵更集中了秦代文明的最高成就。秦始皇把他生前的荣华富贵全部带入地下。秦始皇陵地下宫殿是陵墓建筑的核心部分，位于封土堆之下。

据《史记·秦始皇本纪》记载，陵墓一直挖到地下的泉水，用铜汁浇注基座，上面放着棺材。墓室里面放满了奇珍异宝。墓室内的要道机关装着带有利箭的弓弩，盗墓的人一碰机关就会被射死。

墓室里还注满水银，象征江河湖海；墓顶镶着夜明珠，象征日月星辰；墓里用鱼油燃灯，以求长明不灭。

■ 修复中的兵马俑

■ 兵马俑博物馆的铜车马俑

秦始皇陵墓地宫面积约18万平方米，中心点的深度约30米。陵园以封土堆为中心，四周陪葬分布众多，内涵丰富，规模空前，除闻名遐迩的兵马俑陪葬坑、铜车马坑之外，还有大型石质铠甲坑、百戏俑坑、文官俑坑以及陪葬墓等600余处，陪葬物多达10万余件。

秦始皇陵共发现10座城门，南北城门与内垣南门在同一中轴线上。坟丘的北边是陵园的中心部分，东、西、北三面有墓道通向墓室，东、西两侧还并列着4座建筑遗迹，可能是寝殿建筑的一部分。

秦始皇陵园分为内城和外城两部分。内城呈方形，周长3000米左右，北墙有两门，东、西、南3面墙各有一门。外城呈矩形，周长2000余米，四角各有门址一处。

内、外城之间有葬马坑、珍禽异兽坑、陶俑坑。陵外有马厩坑、人殉坑、刑徒坑、修陵人员墓葬400多个，范围广及50多平方千米。陵墓地宫中心是安放秦始皇棺椁的地方。

在陵园西侧发现青铜铸大型车马两乘，这些按当时军阵编组的陶俑、陶马为秦代军事编制、作战方式、骑步卒装备的研究提供了形象的实物资料。

这组彩绘铜车马高车和安车，是我国发现的体型最大，装饰最华丽，结构和系驾最逼真、最完整的古代铜车马，被誉为"青铜之冠"。

秦始皇陵园除从葬坑外，还发现石料加工场的遗址，建筑遗物有门砧、柱础、瓦、脊、瓦当、石水道、陶水道等。

秦陵工程的设计者不仅在墓地的选择方面表现了独特的远见卓识，而且对陵园总体布局的设计也颇具匠心。

整个陵园由南、北两个狭长的长方形城垣构成。内城中部发现一道东西向夹墙，正好将内城分为南、北两部分。

高大的封冢坐落在内城的南半部，它是整个陵园的核心。陵园的地面建筑集中在封土北侧，陵园的陪葬坑都分布在封冢的东、西两侧，形成了以地宫和封冢为中心，布局合理，形制规范的帝王陵园。

秦始皇陵园的地面建筑主要分布在封土北侧和封土西北的内外城垣之间。地面上的主要遗迹就是那座高大如山的封冢。

当年那长达10千米的内外夯土城垣早已残缺不全了，只有内城西墙残存的一段城墙。还有当年那一座座宏伟的地面建筑早在2000多年前就遭到项羽的焚烧，但地面建筑的废墟还没有完全破坏。

封土北侧的地面建筑群已探明的有3处，其中靠近封土的一处建筑规模较大，形制讲究，似为陵园祭祀的寝殿。

寝殿之北还有两组规模较大的建筑群，也为寝殿。封土西北的内外城垣之间还发现一个地面建筑群。依据清理的房屋建筑来看，应为宫殿建筑。

宫殿遗址的南北侧、西侧

气势恢宏的士兵俑

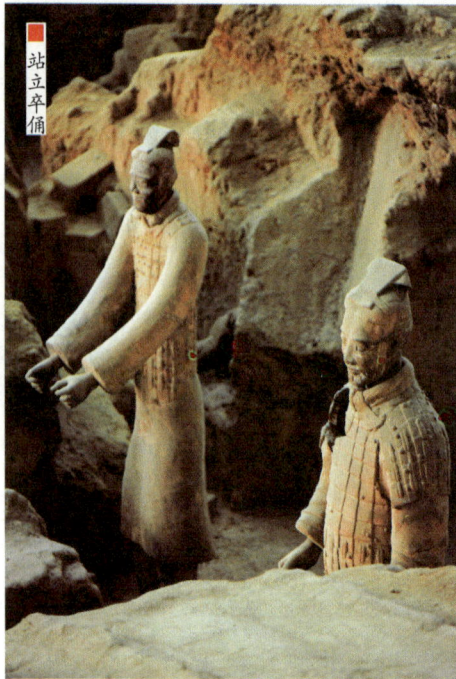
站立卒俑

还有几组地面建筑，这个区域似乎也是一个建筑群。

陵园的陪葬坑与陪葬墓基本上分布在封土西侧内外城垣之间。31座珍禽异兽陪葬坑就是位于封土西侧的内外城垣之间。

还有1座大型马厩陪葬坑、61座空墓坑和1座"甲"字形陪葬墓也分布在封土西侧的内外城垣之间。

封土东侧发现了两处陪葬坑和一处陪葬墓。这些陪葬坑与陪葬墓都分布在外城垣以东。

兵马俑相邻的西边有一座"甲"字形大墓。此外，在地宫四周的墓道附近发现了一些陪葬坑。除西墓道旁的铜车铜马坑之外，其他陪葬坑的情况尚不大清楚。

阅读链接

在凝重的绿色和高大的墓冢之间，为了让游客身临其境地感受王者的尊荣、王者的威仪，秦始皇陵上演有大型的"重现的仪仗队，即秦始皇守陵部队换岗仪式"表演和集声、光、电于一体的秦始皇陵陵区、陵园、地宫沙盘模型展示，从而再现了2000多年前神秘陵园的壮观场景，展示了数十年来的考古成果，生动直观地揭示秦陵奥秘，展示其丰富内涵。

2009年6月13日，秦始皇陵兵马俑一号坑进行第三次正式考古发掘，引起了海内外广泛关注。

除70余件兵马俑外，目前考古已经清理出战车遗迹2乘、战马8匹、青铜镞等兵器和大量的车部件等。

秦始皇陵形制富有特点

秦始皇陵充分表现了2000多年前我国人民巧夺天工的艺术才能，是中华民族的骄傲和宝贵财富，其巨大的规模和丰富的陪葬物居历代帝王陵之首。

它在整体布局上，有着鲜明的特点。

秦始皇陵城，整个布局一目了然，可分为4个层次，地下宫城，即地宫为核心部位，其他依次为内城、外城和外城以外，主次分明，集中体现了"事死如事生"的礼制，规模宏大，气势雄伟，结构独特。

秦陵地宫位于内城南半部的封土之下，相当于秦始皇生前的"宫城"。

秦兵马俑一号坑鞍马俑

秦始皇陵兵马俑博物馆的俑坑

　　《史记》记载"以水银为百川江河大海，机相灌输。上具天文，下具地理"。经探测，地宫之上确实存在一个超出正常值数倍的强汞异常区。

　　其次是内城。内城是秦始皇陵园的重点建设区，内城垣内的地面地下设施最多，尤其是内城的南半部较为密集。地下宫城、寝殿及车马仪仗、仓储等众多的陪葬坑均在内城的南半部。

　　内城北半部的西区是便殿附属建筑区，东区是后宫人员的陪葬墓区。这种布局清晰地说明：内城南部为重点区，北部为附属区。而南、北两部设施的内涵，均属于宫廷的范围。

　　再次是外城，即内外城垣之间的外郭部分，其西区的地面和地下设施最为密集。东区的南部有一大型陪葬坑，发现了大批石铠甲及少数车马器，而百戏俑坑则在其南侧不远处。其南、北两区未发现遗迹和遗物。

　　这种布局说明外城的西区是重点区，其内涵为象征京城内的厩苑、囿苑及园寺吏舍，其与内城相比，则显然居于附属地位。最后是外城垣之外的地区。其东边除了气势磅礴的秦兵马俑坑外，还有98座小型马厩坑及众多陪葬墓。

西边则有3处修陵人员的墓地、砖瓦窑址和打石场等。北边发现藏有禽兽肢体及鳖甲的仓储坑、陵园督造人员的官署及郦邑建筑遗址。南边靠近骊山则有宽约40米的防洪堤。

秦始皇陵的冢高50多米，周长2000多米，陵墓内有大规模的宫殿楼阁建筑，许多建筑以及墓穴构造都与其他的国君陵墓有着很大的区别。

从秦始皇陵遗迹看，似乎秦始皇要把生前的宫室、山河以及生平一切都带到地下世界去，而要实现这一点，非建造广阔的墓室难以如愿。据《史记·秦始皇本纪》记载：

大事毕，已藏，闭中羡，下外羡门，尽闭工匠藏者，无复出者。

■秦始皇陵兵马俑二号坑

■ 秦始皇陵博物馆里的兵马俑

李斯（约前280年~前208年），秦朝丞相，著名的政治家、文学家和书法家，协助秦始皇统一天下。参与制定了秦朝的法律，完善了秦朝的制度。其政治主张的实施对我国和世界产生了深远的影响，奠定了我国2000多年政治制度的基本格局。

这里，既提到中羡门、外羡门，想必肯定有内羡门。这似乎表明地宫中有通往主墓的通道，工匠只能封闭在中羡门以外的地方，内羡门以内才是秦始皇棺椁置放之地。

地宫是放置棺椁和随葬器物的地方，史料《汉旧仪》一书中有一段关于秦始皇陵地宫深度的介绍：公元前210年，丞相李斯向秦始皇报告，称其带了72万人修筑骊山陵墓，已经挖得很深了，好像到了地底一样。秦始皇听后，下令"再旁行三百丈乃至"。

"旁行三百丈"一说让秦陵地宫位置更是扑朔迷离。民间曾传说秦陵地宫在骊山里，骊山和秦陵之间还有一条地下通道，每到阴天下雨的时候，地下通道里就会过"阴兵"，顿时人欢马叫，热闹非凡。

规模宏大的地宫则位于封土堆顶台及其周围以下，主体和墓室均呈矩形。墓室位于地宫的中央。

陵墓的朝向为坐西向东，这是一个奇特的布局。因为我国古代以朝南的位置为尊，历代帝王的陵墓基本上是坐北朝南的格局，而统一天下的秦始皇的陵墓却是坐西向东。

有人认为，秦始皇生前派遣徐福东渡黄海，寻觅蓬莱、瀛洲诸仙境，并多次亲自出巡，东临碣石，南达会稽，在琅琊、芝罘一带流连忘返，这一切无不昭示其对仙境的迫切向往。

可惜徐福一去杳无音信，秦始皇亲临仙境的愿望终成泡影。生前得不到长生之药，死后也要面朝东方，以求神仙引渡而达于天国，大概这就是暮年秦始皇的最大愿望。基于此，秦始皇陵也就只能坐西向东了。

也有人认为，秦国地处西部，为了彰显自己征服东方六国的决心，秦王嬴政初建东向的陵墓。吞六国之后，为了使自己死后仍能注视着东方六国，始皇帝矢志不改陵墓的设计建造初衷。

还有人认为，秦始皇陵坐西向东，与秦汉之际的礼仪风俗有关。

根据有关文献记载，当时从皇帝、诸侯到上将军，乃至普通士大夫家庭，主人之位皆坐西向东。秦始皇天下独尊，为了保持尊位，陵墓的朝向便也坐西向东。

在封土堆下，墓室周围存在着一圈很厚的细夯土墙，即所谓的宫墙。经验证，宫墙东西长约168米，南北长141米，南墙宽16米，北墙宽22米。

据传说，当年在修建宫墙

徐福 即徐市，字君房，秦著名方士。他博学多才，通晓医学、天文、航海等知识，而且同情百姓，乐于助人，故在沿海一带民众中名望颇高。徐福是鬼谷子先生的关门弟子，后来被秦始皇派遣，出海采仙药，一去不返。后来，有徐福在日本的平原、广泽为王之说。

■ 秦始皇陵兵马俑步兵列阵

秦兵马俑一号坑的卒俑

的施工中，为了检测用泥土夯实的宫墙是否坚硬，施工人员会站在远处用弓箭射墙，若箭能插进墙体，修好的宫墙必须推倒重建。

宫墙都是用多层细土夯实而成，每层有五六厘米厚，相当精致和坚固。

宫墙顶面甚至高出了当时秦代的地面很多，向下直至封土下33米，整个墙的高度30米，非常壮观。

在土墙内侧，又发现有一道石质宫墙。根据探测，发现墓室内没有进水，整个墓室也没有坍塌。关中地区历史上曾遭受过8级以上的大地震，而秦始皇陵墓室却完好无损，这与宫墙的坚固程度密切相关。

这种宫墙是前所未有的发现，这种崭新的墓葬形式可以称为"秦陵式"。

除了宫墙，在秦陵周围地下存在规模巨大的阻排水渠。长千米的阻排水渠其实是堵墙，底部由厚达17米的防水性强的清膏泥夯成，上部由84米宽的黄土夯成，规模之大让人难以想象。

阻排水渠设计相当巧妙。秦始皇陵园地势东南高、西北低，落差达85米，而阻排水渠正好挡住了地下水由高向低渗透，有效保护了墓室不遭水浸。

《史记》中记载的"穿三泉"中，"三"其实是个概数，应该是指在施工中遇到了水淹，所以才修建了阻排水渠，充分显示了2000多年前秦人的聪明才智。

秦始皇陵地宫中不仅有水银，而且藏量非常巨大，地宫的深度达30米，足足穿过了3层地下水，地宫的高度为15米。据此推测，这些地下水银可能多达几十吨甚至上百吨。

水银最晚在战国末期已被人们发现和使用。历代帝王墓中陪葬奇珍异宝不计其数，为防后人盗掘，才放入大量水银。

秦陵地宫中的水银不仅有象征意义，还有防腐作用。秦始皇陵的水银部分来自于距旬阳县城约150千米，与湖北接壤处的一座水银山。

阅读链接

水银山沿公馆河延伸。地质工作者曾在公馆河发现了古代采矿留下的700余处古矿洞，而在青桐沟、砂硐沟及竹筒河也发现了数以百计的采掘遗迹，这些古矿洞有的深数百米，有的只有几十米深，大洞套小洞，小洞与支洞相连。

从古矿洞里发掘的这些文物显示，秦时旬阳就已经是一个重要的采汞重镇，运输水银可以沿古道经镇安，过柞水到达关中。旬阳是目前学术界认为的我国古代三个水银产地中，距秦陵最近的一处。

旬阳有关人士认为，考虑到旬阳水银山及公馆河汞矿遗址发现的秦汉时期铁镢遗物，这里可能是秦陵地宫水银的开采之地。秦陵水银来自旬阳还是一种推测，需要进一步证实，但从种种因素分析，秦陵部分水银来自旬阳的可能性很大。

秦兵马俑气势磅礴

在秦始皇陵墓的周围，环绕着一些气势磅礴、数量极多的陶俑。它们形态各异，连同它们的战马、战车和武器，成为现实主义的完美杰作，同时保留了极高的历史价值。

兵马俑坑是秦始皇陵的陪葬坑。

3座兵马俑坑坐西向东，呈"品"字形排列，坑内有陶俑、陶马

■ 秦兵马俑一号坑展厅

8000多件，还有5万多件青铜兵器。坑内的陶塑艺术作品是仿制的秦宿卫军。在地下坑道中的所有卫士都是面向东方放置的。

一号坑最大，长廊和11条过洞组成了整个坑，井然有序地排列成环形方阵。与真人马大小相同、排成方阵的6000多个武士俑和拖战车的陶马被放置在坑中。

坑东端有3列横排武士俑，手执弓弩类远射兵器，似为前锋部队，其后是6000个铠甲俑组成的主体部队，手执矛、戈、戟等长兵器，同35乘驷马战车在11个过洞里排列成38路纵队。

南、北两翼的后卫部队，有武士俑500余件、战车6乘、驾车马24匹，还有青铜剑、吴钩、矛、箭、弩机、铜戟等实战用的青铜兵器和铁器。

一号俑坑东端有210个与真人等高的陶武士俑，面部神态、服饰、发型各不相同，各个栩栩如生，形态逼真，排成3列横队，每列70人。

其中，除3个领队身着铠甲外，其余均穿短褐，腿扎裹腿，线履系带，免盔束发，挽弓挎箭，手执弩机，似待命出发的前锋部队。

这支队伍阵容齐整，装备完备，威风凛凛，气壮山河，是秦始皇当年浩荡大军的艺术再现，具有强烈

■ 跪射俑

吴钩 春秋时期流行的一种弯刀，它以青铜铸成，是冷兵器里的典范，充满传奇色彩，后又被历代文人写入诗篇，成为驰骋疆场、励志报国的精神象征。在众多文学作品中，吴国的利器已经超越刀剑本身，上升成为一种骁勇善战、刚毅顽强的精神符号。

的艺术感染力。

在一号坑的东北约20米的地方是二号坑，它是另一个壮观的兵阵。有陶俑、陶马1300余件，战车89辆，是一个由步兵、骑兵、战车3个兵种混合编组的阵容，也是秦俑坑的精华所在，整个军阵就是秦国军队编组的缩影。

二号坑呈曲尺形方阵，坑内建筑与一号坑相同，但布阵更为复杂，兵种更为齐全，是3个坑中最为壮观的军阵。是一坐西朝东，由骑兵、步兵、弩兵和战车混合编组的大型军阵。

二号坑东、西两端各有4个斜坡门道，北边有两个斜坡门道，俑坑坐西面东，正门在东边。

二号坑大致可分为弩兵俑方阵、驷马战车方阵、车步骑兵俑混合长方阵和骑兵俑方阵4个相对独立的单元。其中将军俑、鞍马俑、跪姿射俑为首次发现。

第一单元位于俑坑东端，四周长廊有立式弩兵俑60个，阵心由八路面东的160个蹲跪式弩兵俑组成。弩兵采取阵中张阵的编列，立、跪起伏轮番射击，以弥补弩张缓慢的缺陷。

战车与随车甲俑群

第二个单元位于俑坑的右侧，由64乘战车组成方阵。每列8乘，共有8列。车前驾有真马大小的陶马4匹。每车后一字排列兵俑3个，中为驭手拉马辔，另两个分别立于车左和车右，手持长柄兵器。

第三单元位于中部，由19

辆战车、264个步兵俑和8个骑士俑组成长方形阵，共分3列。每匹马前立骑士俑一个，一手牵马缰，一手作拉弓状。每乘车后除3名车士外，还配有8~36个步兵俑。

第四单元位于军阵左侧，108个骑士俑和180匹陶鞍马俑排成11列横队，组成长方形骑兵阵。其中第一、三列为战车6辆。每匹马前，立胡服骑士俑一个，右手牵马，左手拉弓。

俑坑内的108件骑兵俑是我国首次发现的数量众多的古代骑兵的形象资料。

秦俑表现的是古代军事题材，但它既没有选择两方交战、将士厮杀的战争场面，也没有选择将士修整屯兵防守的场面，而是捕捉了将士披甲，直兵列阵，严阵以待的临阵场面。

从俑坑的布局和阵法看，二号坑阵式复杂，兵种齐全，是对阵的中坚力量。这种编组方法在兵书上叫作"大阵包小阵，大营包小营，偶落钩连，折曲相对"。

《孙膑兵法》说"在骑与战者，分为三，一在于右，一在于左，

■ 秦兵马俑三号坑

易则多其车，险则多其骑，反则广其弩"，三者有机结合，才能百战不殆。二号坑是这位古代军事家的理论图解。

二号坑西边是三号坑，与二号兵马俑坑东西相对，呈"凹"字形。三号坑经推断是用来统帅一、二号坑的军幕。门前有一乘战车，68个卫士俑以及武器都保存在坑内。

这样一种阵容，可判断一号坑为右军，二号坑为左军，充分表现了2000多年前我国人民的军事和艺术才能。

三号俑坑号的陶俑大部分没有头，陶马马头也同样残缺不全，甚至有的残破陶片坑内也不见踪影。由此不难看出，三号俑坑曾遭受过严重的人为破坏。

春秋战国之前的战争，指挥将领往往要身先士卒，冲锋陷阵，所以他们常常要位于卒伍之前；春秋战国时期，随着战争规模的增大，作战方式的变化，指挥者的位置开始移至中军。

秦始皇兵马俑陪葬坑布局合理，结构奇特，在深5米左右的坑底，每隔3米架起一道东西向的承重墙，兵马俑排列在墙间空当的过洞中。

秦始皇陵兵马俑多用陶冶结合的方法制成，先用陶模做出初胎，再覆盖一层细泥进行加工刻画加彩，有的先烧后接，有的先接再烧。

孙膑 军事家孙武的后代，曾与庞涓为同窗，师从鬼谷子学习兵法。后庞涓为魏惠王将军，因嫉贤妒能，骗孙膑到魏使用奸计，孙膑被处以膑刑。后孙膑被齐国使者偷偷救回齐国，引荐于齐威王任为军师。马陵之战，身居辎车，计杀庞涓，打败魏军。著作有《孙膑兵法》。

兵马俑的车兵、步兵、骑兵列成各种阵势，整体风格浑厚、健美、洗练，但每一个兵士的脸型、发型、体态、胖瘦、表情、眉毛、眼睛和年龄、神韵均有差异；陶马有的双耳竖立，有的张嘴嘶鸣，有的闭嘴静立，人和马都富有感染人的艺术魅力。

统一六国之后，秦国实行全国征兵制，兵源来自全国各地，这恐怕是他们在脸型、表情、年龄上各有差别的主要原因。

秦俑大部分手执青铜兵器，有弓、弩、箭镞、铍、矛、戈、殳、剑、弯刀和钺。

青铜兵器因经过防锈处理，埋在地下2000多年，仍然光亮锋利如新，它们是当时的实战武器。

工匠们用写实的艺术手法把它们表现得十分逼真，在这个庞大的秦俑群体中包容着许多截然不同的个体，使整个群体更显得活跃、富有生气。

纵观这千百个将士俑，其雕塑艺术成就完全达到了一种艺术美的高度。无论是千百个形神兼备的官兵形象，还是那一匹匹跃跃欲试的战马塑造，都不是机械的模仿，而是着力显现它们内在的生气、情感、灵魂、风骨和精神。

秦俑的设计者为了再现2000多年前的秦军"奋击百万"气吞山河的磅礴气势，不仅仅在于追求单个陶俑的形体高大，而且精心设计了一个由8000余件形体高大的俑群构成一组规模庞大的军阵体系。

右侧为一个巨大的方阵，

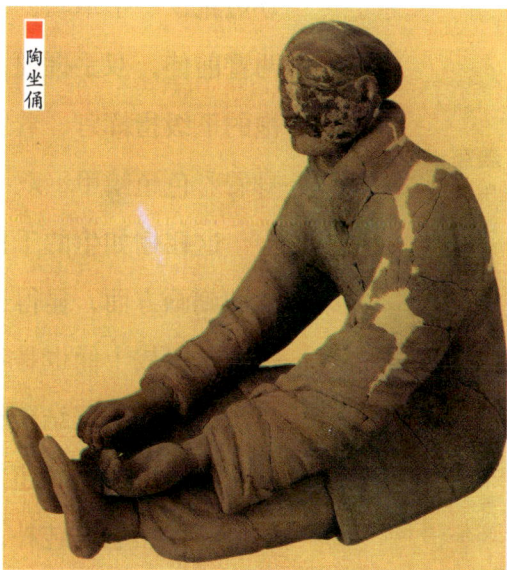

陶坐俑

■ 神采奕奕的兵马俑

左前方为一个大型疏阵，左后方则是指挥部。那数千名手执兵器的武士、数百匹曳车的战马，一列列、一行行，构成规模宏伟、气势磅礴的阵容。

将士们有的头挽发髻，身穿战袍，足登短靴，手持弓弩，似为冲锋陷阵的锐士；有的免盔束发，身穿战袍，外披铠甲，手持弓弩，背负铜镞，似为机智善射的弓箭手；有的头戴软帽，穿袍着甲，足登方口浅履，手持长铍，似为短兵相接的甲士。

还有身穿胡服的骑士，外着铠甲，头戴软帽，足登短靴，一手牵马，一手提弓；有头戴长冠的驭手，两臂前伸，双手握缰，技术熟练；有头戴长冠、穿战袍的下级指挥官，着长甲，手执吴钩；有头戴鹖冠，身着彩色鱼鳞甲，双手扶剑，气度非凡的将军。

这栩栩如生的千百个官兵形象，尤其在神态、个性的刻画方面，显得逼真、自然而富有生气。

一般战士俑也是各有表情：有的嘴唇呿起，胡角反卷，内心似聚结着怒气；有的立眉圆眼，眉间的肌肉拧成疙瘩，似有超人的大勇；有的浓眉大眼，阔口厚唇，性格憨厚纯朴；有的舒眉秀眼，头微低垂，性

鹖冠 古代官名，即插有鹖毛的武士冠。因为鹖性好斗，至死不却，武士冠插鹖毛，以示英勇。鹖冠具体形状，大抵与河南洛阳金村的战国狩猎纹铜镜上骑士之冠相同。西汉砖、石刻上，也见有具体描绘。

格文雅；有的侧目凝神，机警敏锐；有的昂首静思，有的低首若有所思，两者虽然都刻画一个"思"字，由于表现手法不同，前者给人的印象是气宇轩昂，略带傲气，后者则是沉静文雅。

其中，骑兵在服饰装束及高度等方面都是严格模拟古代骑兵的战时形象，与步兵、车兵俑显然不同。

他们头戴圆形小帽，帽子两侧带扣系在颌下，身着紧袖、交领右衽双襟掩于胸前的上衣，下穿紧口连裆长裤，足蹬短靴，身披短而小的铠甲，肩上无披膊，手上无护手甲。衣服具有短小轻巧的特色，铠甲显得简单而灵活。骑兵俑特殊的装束也与骑兵的战术特点密切相关。

每匹战车的陶马，两耳竖立，双目圆睁，张鼻嘶鸣，跃跃欲试。一件件骑士俑，右手牵马，左手提弓，机警地立于马前，一旦令下，就将驰骋疆场。

右衽 衽，在我国文字中本义为"衣襟"。将衣服的左前襟掩向右腋系带，将右襟掩覆于内，称右衽。反之称左衽。右衽是我国古代汉族服装始终保留的特点，因此右衽成为汉族的象征符号。与之相反，我国古代某些少数民族的服装，前襟向左掩，异于中原一带的右衽。因此左衽用以指受外族的统治。

兵俑工坊

秦始皇陵与兵马俑

■ 一号坑的卒俑

■ 秦始皇陵的陶鞍马俑

轿 一种靠人或畜杠、载而行，供人乘坐的交通工具，曾在东西方各国广泛流行。就其结构而言，轿子是安装在两根杠上可移动的床、坐椅、坐兜或睡椅，有篷或无篷。轿子最早是由车演化而来。轿子在我国有4000多年的历史。据史书记载，轿子的原始雏形产生于夏朝初期。因其所处时代、地区、形制的不同而有不同的名称。如肩舆、兜子、眠轿、暖轿等。

除了兵马俑，秦皇陵还有两辆铜车马也令人叹为观止。

秦始皇陵铜车马是一种带有篷盖的豪华车，工艺之复杂，做工之精巧，技艺之卓越，都无不令人惊叹。秦陵铜车车型接近正方形，车上罩着一块类似于龟盖状的篷盖。大篷盖不仅将车体全部罩了起来，甚至连车前边的"御室"也遮盖起来，形成封闭式的车体，以便车主与驭手传递命令。

其中二号铜车属于轿、车组合类型，车主既可以坐乘，也可以卧息。如果躺在这样宽敞、舒适、豪华的车体内，完全可以享受到一种软卧车的舒服感。即使远行千里，也可以消除长途颠簸的疲劳。

二号车车内设备更富有特色，在车体底部发现一块方形大铜板，其大小几乎与车体底部尺寸相当，铜板表面彩绘着各种鲜艳的几何图案花纹，下面四角和中部有8个铜支钉支撑。

这块彩绘大铜板无疑就是古车上的"文茵"，类似于一种软垫制品。如果车中铺设双重文茵，一定更加平稳而舒适。

同时，二号铜车马总共由3462个铸件组成，其中有铜铸件、金铸件、银铸件。总重量达1241千克，其中金铸件3000多克，银铸件4000多克。

由此推测，一号铜车马铸件的数量也不会相差太远，那么两乘车加起来不少于5000多个零部件。尤其令人拍案叫绝的是，这5000多个零部件无论是大至2平方米以上的篷盖、伞盖及车舆、铜马、铜俑等，还是不足0.2平方米的小攸勒管，都是一次铸造成型。

就拿篷盖与伞盖的铸造来说，它不仅面积大，而且薄厚不一，再加上篷盖、伞盖，都有一定的弧度。这样难度大的篷盖、伞盖能一次性浇铸成功，在2000

彩绘 在我国自古有之，被称为丹青。其常用于我国传统建筑上绘制的装饰画。我国建筑彩绘的运用和发明可以追溯到2000多年前的春秋时期。它自隋唐期间开始大范围运用，到了清朝进入鼎盛时期，清朝的建筑物大部分覆盖了精美复杂的彩绘。

■ 兵马俑博物馆的青铜战车

多年前的秦代几乎让人难以置信。

8匹铜马、2个御官俑的铸造显得逼真、自然，达到了出神入化的程度，无论是整体造型，还是神态、性格、气质的刻画，都可以与秦俑坑那雕塑最好的将军俑相媲美。

铜马、铜俑铸造如此精准，形神兼备实为罕见。比如铜马的笼头，它是由82节小金管和78节小银管连接起来，一节金管与一节银管以子母卯形式相连接，其精细和灵活程度令人叹为观止。

令人感到惊奇的是那马脖子下悬挂的璎珞，这些全是采用一根根细如发丝的铜丝制作的，而且铜丝表面无锻打痕迹，粗细均匀，表明很可能是用拔丝法制成的。

尤其是以铜丝组成的链环，是由铜丝两端对接焊成，对接面合缝严密。如此纤细的铜丝到底是用什么方法制作？采取什么样的工艺焊接？

我国古代人民的智慧不可低估，而兵马俑更是全世界的一个奇迹，它让外国人赞叹，让中国人骄傲！

阅读链接

1974年，陕西省临潼县杨村村民们为了抗旱，在村南柿树林旁打井，挖到5米多深的地方时，竟然发现了一个陶制的人头雕塑像。

正好一位干部来检查打井进度，见到这个情景，他急忙把这消息报告给县文化馆。经过文物部门几年的勘查和发现，气势非凡的秦始皇陵兵马俑终于展示在世人面前。

兵马俑的发现被誉为"20世纪考古史上的伟大发现之一"。秦俑的写实手法作为我国雕塑史上承前启后的艺术为世界瞩目。现已在一、二、三号坑建起了秦始皇陵兵马俑博物馆，对外开放。

马王堆汉墓与女尸

马王堆汉墓位于湖南长沙芙蓉区马王堆，在长沙东郊浏阳河西岸、长浏公路北侧。出土各类文物数千件，因为保存完好，被誉为中华民族的地下文化宝库，东方的"庞贝城"。

马王堆汉墓的出土文物，为研究汉初经济和科学技术的发展，以及当时的历史、文化和社会生活等方面，提供了实物资料，使它成为当之无愧的国之瑰宝。其中古尸素有"东方睡美人"之称，受到科技界的广泛关注，被认为"创造了世界尸体保存记录中的奇迹"。

马王堆汉墓的主人真相

马王堆汉墓位于长沙市芙蓉区马王堆乡，在长沙东郊浏阳河西岸、长浏公路北侧。

马王堆乡有一处特别的地方，那里是方圆250米的土丘，土丘的中部，残留着两个高16米的土冢，这就是通常所指的"马王堆"。

在这两个土冢中，东边的是一号墓的封土堆，西边的是二号墓的封土堆。三号墓的封土堆几乎全被一号墓的封土所覆盖，外表上很少

马王堆出土的武士俑

露出痕迹。

马王堆周围是平坦的田地，浏阳河从它的东面转向西北蜿蜒流过，河的东面和北面是连绵的低矮山丘。马王堆的西面不远处，是注入浏阳河的一个不大的湖泊。千百年来，马王堆就在这样一个环境里，静静地沉睡着。

有人说，"马王堆"的名称与五代十国时期的楚王马殷有关。

923年，后唐取代后梁，马殷被册封为楚王，以长沙为统治中心，管辖湖南全省、江西西部、贵州东部和湖北南部地区。930年，马殷去世，其子马希范继位。至北宋，楚国灭亡，马殷家族统治湖南达数十年之久。

在长沙保留着不少关于马王的古迹，如会春园、九龙殿、马王街等，而马王堆也被认为是其中之一。

在楚王马殷家族消失数百年后，清人认为马殷及其家族死后葬于马王堆。也有说此处是马殷父子的疑冢，即假坟，所以没有称为陵，而是称作堆。

除了这种说法之外，还有人认为"马王堆"是由西汉时期长沙定王刘发的母亲程、唐二姬的"双女坟"而得名的。

长沙王刘发的母亲唐姬，原是汉景帝的宠妃程姬

■ 马王堆帛画

汉景帝（前188年~前141年），刘启，西汉第六位皇帝，在位16年，谥号孝景皇帝。汉景帝刘启在西汉历史上占有重要地位，他削诸侯封地，平定七国之乱，勤俭治国，发展生产。他统治时期与其父汉文帝统治时期合称为文景之治。

惊世的考古

■ 马王堆汉墓出土
的青铜器

的侍女。有一天，汉景帝传唤程姬侍寝，但程姬身体不舒服，然而皇上的旨意不可违抗，程姬便想出一个办法，从她的侍女中挑选了身高相当、容貌相似的唐儿，代替自己与景帝同房。

那晚景帝宴罢归房，醉眼蒙眬，在昏黄的灯光下未及细看，就与唐儿同床共寝。唐儿因此怀上龙种，为景帝生了个儿子，便取名为刘发。

后来景帝知道了实情，因为刘发是侍女所生，身份低微，所以在他长大成人后，景帝便将他封为人口1.5万户的长沙王，谥号定王，并让其远离长安。

刘发也知道自己的身世，虽远在长沙，却十分思念两位母亲。于是，他就派人在长沙城内筑起一座土台，即后来的定王台，时常登高远眺长安城，表达对两位母亲的思念。

在唐、程二姬相继去世后，刘发将她们的尸体由长安运至长沙，安葬在城东的土堆中，并在土堆上竖立起一根高大的旗杆，杆上吊挂一个大红灯笼。每当刘发站在定王台上远眺大红灯笼时，就仿佛看见了自己的两位母亲。

这方土丘的两个土冢大小相似，中间连接，形状非常像一个马鞍，人们就叫其"马鞍堆"。而长沙话的"鞍"和"王"的读音相似，也不知到了哪个朝代，

长安 即现在西安，又称京兆，是中华文明的发源地，据《广博物志》《述异志》《山海经》等记载，传说中的盘古开天辟地、女娲补天等故事都发生在这里。新石器时代早期，这里就已经形成了原始聚落。西安是13朝古都，我国历史上的鼎盛时代周、秦、汉、隋、唐均建都西安。

人们念走了音，"马鞍堆"就变成了"马王堆"。

北宋《太平寰宇记》也记载说，这里是西汉长沙定王刘发埋葬他母亲的"双女冢"。根据史料所记载，刘发两位母亲的埋葬地点与马王堆的位置十分吻合，况且在时间上也颇为吻合，所以刘发母亲的墓葬似乎是唯一合理的解释。

但后来发现，在看似只有两个墓冢的土丘下，居然有3座墓穴，而且3座墓葬的时间相距20多年。其中，在二号墓发现了"长沙丞相""轪侯之印"和"利苍"3颗印章，表明该墓的墓主是轪侯利苍。

一号墓中有一具年约50岁的女性尸体，墓内出现了刻有"妾辛追"3个字的骨质印章，说明墓主应是利苍的妻子。另外，三号墓里的遗骸应该是30多岁的

丞相　古代官名。我国古代皇帝的股肱，典领百官，辅佐皇帝治理国政，无所不统。丞相制度，起源于战国。秦朝自秦武王开始，设左丞相、右丞相。明太祖朱元璋杀丞相胡惟庸后废除了丞相制度，同时废除了中书省，大权均集中于皇帝，君主专制得到加强，皇权与相权的斗争以皇权胜利而告终。

汉代珍宝

马王堆汉墓与女尸

■ 马王堆汉墓对乐俑雕塑

英布 秦末汉初名将，六县人。因受秦律被黥，又称黥布。初属项梁，后为项羽帐下五大将之一，封九江王，后叛楚归汉，汉朝建立后封淮南王，与韩信、彭越并称汉初三大名将，公元前196年起兵反汉，因谋反罪被杀。

男性，所以可能是利苍的儿子。

据《史记》和《汉书》记载，长沙国相利苍于汉惠帝二年去世，而长沙正是汉代长沙国首府临湘县所在地。通过历史记载、文物鉴定以及其他因素的综合考虑，尤其是墓中的漆器款识、封泥、印章等各种物品给人们提供的有力证据，最终断定一号墓为利苍之妻，二号墓为利苍本人，三号墓为利苍之子。

一号墓墓主名字叫辛追，是利苍的妻子，比利苍要年轻很多，利苍去世的时候，她才30岁左右，美貌非凡，富贵优雅。

但是，历史上对辛追没有明确的记载。有人说，这个名叫辛追的神秘女子是景德镇浮梁人，在那片瓷与茶文化交融的土地上曾经留下她的足迹。现在那里仍然有很多和她有关的遗迹，也有许多关于她的传说。

■ 马王堆三号墓坑

长沙国丞相利苍生于战国末年，逝世于公元前185年。他早年参加秦末农民起义和楚汉之争。汉初任长沙国丞相，被封为轪侯，食邑七百户。"轪"便是利苍的食邑，封地在河南省罗山县和光山县之间，也有的说在湖北省浠水县兰溪镇。

约在公元前204年，利苍携妻子辛追，带着刚满周岁的儿子利豨来到长沙国任职。不久，邻国淮南王英布叛变，利苍劝说第二代长沙王吴臣诱杀了他的姐夫英布。长沙王之子吴浅、长沙丞相利苍因此均被封为侯。利苍即成为第一代轪侯。

三号墓墓主利豨是利苍和辛追的儿子，利苍去世后继承了封号，成为第二代轪侯。利豨的儿子第三代轪侯离开了长沙到首都长安做官。之后，利豨的孙子第四代轪侯任过武官，因为擅自调兵而被判处死刑，受到赦免才保住了一条性命，不得不回到原籍成为平民。于是，利家的侯爵再也没有了。

马王堆汉墓主人辛追夫人复原蜡像

阅读链接

早在1951年，长沙地区进行大规模考古挖掘时，年轻的夏鼐就对中国科学院考古所所长王仲殊十分肯定地说："这不是五代马殷父子的墓，而是一座汉墓，可能属于西汉早期，马王堆名不副实。"

可是，墓里面的主人到底是谁呢？

正当人们疑虑重重的时候，汉墓发掘工作结束，一切疑虑和猜测烟消云散，墓主人的神秘面纱终于被揭开了。

马王堆汉墓形制独特

马王堆汉墓出土的武士木偶

马王堆汉墓是西汉初年的墓葬，它的墓葬形制也有着独特的风格和样式。

马王堆共有3座汉墓，由于是同一时期身份相关的人的墓葬，所以墓坑的形式基本相同，都是北侧有墓道的长方形竖穴。坑口的平面接近方形，口下有多级台阶，随着墓坑逐渐向下，台阶逐级缩小。

3座墓的墓坑，从整体上看，没有多少差别，但具体说来，仍有些许的差异。其中一号墓的墓坑最大、最深。

下面有4层台阶，逐渐向下，台阶底端就是斗形坑壁。

另外两座墓的规模相对于一号墓来说略小，墓坑较浅，墓壁只有3层台阶。二号墓墓底南北长7.25米，东西宽5.95米；三号墓墓底长5.8米，宽5.05米。

我国古代的丧葬有棺椁制，人们可以通过棺椁看出死者的身份和等级。

一号墓的棺椁共有4层，它们采取扣接、套榫和栓钉接合等方法制作而成。椁室用厚重的松木大板制成。

下置垫木和两层底板，再竖立4块壁板和4块隔板，便形成居中的棺房和四周的边厢。然后，在上部覆盖顶板和两层盖板。

4层套棺用落叶乔木板制作，内壁均涂朱漆，外表则各不相同。

第一层的黑漆素棺体积最大，通体涂满黑色的漆，没有其他装饰；第二层为黑地彩绘棺，饰有复杂多变的云气纹及形态各异的神怪和禽兽；第三层为朱地彩绘棺，饰有龙、虎、朱雀和玄武等瑞兽图案；第四层为直接殓尸的锦饰内棺，盖棺后，先横加两道帛束，再贴满以铺绒绣锦为边饰的羽毛贴画锦。

三号墓的棺椁和一号墓的棺椁差不多，但是少了一层套棺，椁室南边的边厢又多了一根纵梁。在3层套棺中，外棺和中棺的表面均涂棕黑色素漆，未加其他装饰。内棺则在加帛束之后，贴满了以绒圈锦为边饰的绣品。

二号墓从残存的痕迹看来，结构与一号墓和三号墓有所不同，椁内只有两层棺。

■ 马王堆汉墓出土的陶壶

瑞兽 我国原始人群体的亲属、祖先、保护神的一种图腾崇拜，是人类历史上最早的一种文化现象。它们从远古时代一直沿存至今。我国古代有四大瑞兽，分别是东方青龙、南方朱雀、西方白虎、北方玄武。另外，麒麟也是我国古代的一种瑞兽。

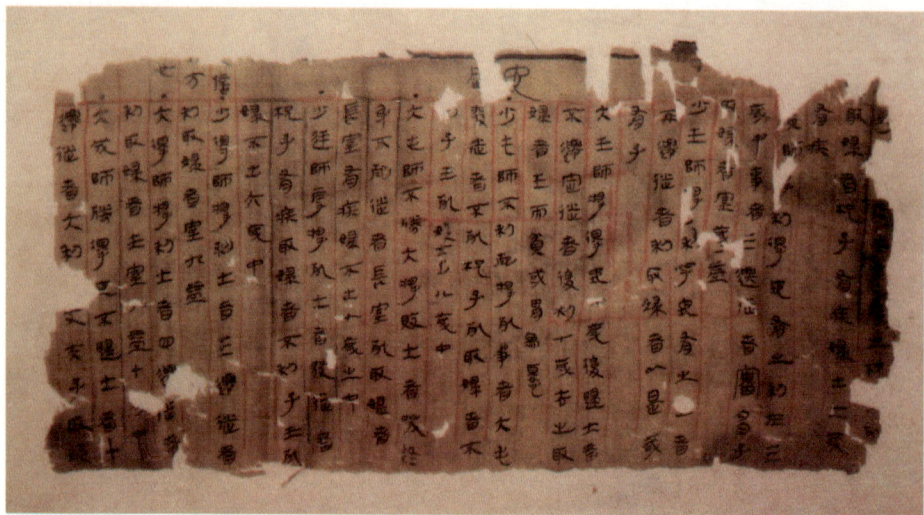

惊世的考古

■ 马王堆出土的中国最早的纸

雷纹 我国古代青铜器上一种典型的纹饰。基本特征是以连续"回"字形线条所构成。有的作圆形的连续构图，单称为"云纹"；有的作方形的连续构图，单称为"雷纹"。云雷纹常作为青铜器上纹饰的地纹，用以烘托主题纹饰。也单独出现在器物颈部或足部。

朱地彩绘棺是马王堆一号墓4层木棺中的第三层。通体内外髹朱漆。棺表面的朱漆底上，又施用青绿、粉褐、藕褐、赤荷、黄白等明亮的颜色，彩绘龙、虎、朱雀、鹿和仙人等祥瑞图案。

盖板上绘有对称的二龙二虎图案。两条龙的龙头相向，居于画面中上方，龙身各自向两侧盘绕，龙尾伸至左右两下角；二虎背于二龙之间，分别攀在龙首的下面，口啮龙身。

龙为粉褐色，用赭色勾边，身披鳞甲而有三角弧形斑纹，斑纹内填以绿色；虎为赤褐色，形象写实，尾部加饰流云。

盖板的周缘，饰赭黄色勾连雷纹。头顶绘一座高山，山似等腰三角形，处于画面的中央。山的两侧各有一只鹿，腾跃貌，周围饰以云气纹。

足画面为双龙穿璧图案。白色的古璧居于画面中央，有两条藕色绶带将其自上而下拴系，绶带的末端分列在画面的下侧。

两条蜷曲的龙穿壁而过，龙首相向于壁上方的绶带两侧，龙身为粉褐色，披鳞甲而有凤羽，巨目利牙，虎爪蛇尾，双角较小。龙的旁边加饰以藕白色的云气纹。

左侧的周边饰菱形云纹，正中绘一座赤色的山。山的两侧各有一粉褐色龙，龙首相向于山的上方，龙身均呈现出波浪起伏的样子。

左侧龙首之后，有一只赤褐色虎，虎身向左，张口回首，其旁加饰云纹。龙尾之前，有一只带有云形花斑的藕褐色鹿。鹿首向左，两角粗壮，四足跷起。

右侧龙首后有一只朱雀，展翅欲飞貌。龙尾之前，有一粉褐色的仙人，头发斑白，两手攀着龙身。右侧面的边纹也为菱形云纹，画面为繁复的勾连云纹。

朱地彩绘棺上的龙、虎、朱雀和鹿，都是我国古代所谓的瑞兽，称为"四神"或"四灵"。左侧面上所绘的高山，应该不是一般的山，而是仙山。整个棺材的画面给人以神秘的感觉。

黑地彩绘棺是一号墓棺椁中4层木棺中的第二层。棺内涂朱漆，右侧板内壁中上部的朱漆面上，有黑漆勾出的奔马和人，笔画草率，勉强成形。棺的表面，以黑漆为地，彩绘了复杂多变的云气纹，以及穿插其间、形

四神 也叫作四象、四灵。春秋战国时期，五行学说盛行，所以四象也被配色成为青龙、白虎、朱雀、玄武。两汉时期，四象演化成为道教所信奉的神灵，即被称为四灵。四神在我国古代中另一个主要表现就在于军事上，行军布阵就有"前朱雀，后玄武，左青龙，右白虎"的说法。

■ 马王堆出土的精美漆瓶

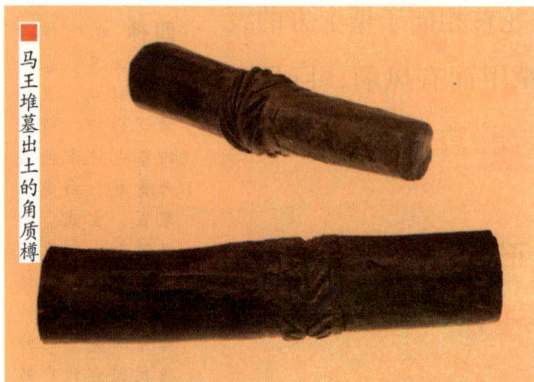
马王堆墓出土的角质樽

态生动的许多禽兽。

黑地彩绘棺上的花纹，除盖板四侧边缘满饰带状卷云纹外，五面的四周都有宽0.15米以流云纹为中心的带状图案。

在画面上出现最多的，是一种面部似羊非羊，似虎非虎，头竖长角，兽身有尾的怪物。这种怪物，口中衔着蛇，四肢又像猿，手足不分。

黑地彩绘棺上所绘的100幅图画中，有怪神、怪兽、仙人、鸾鸟、鹤、豹、牛、鹿以及蛇等10余种形象。这些神怪和禽兽形态各不相同，描绘得栩栩如生、变化多端，在云气间安排得十分得体，富有浓厚的浪漫主义色彩，表现了作者丰富的想象和熟练的技法，是研究当时绘画艺术的重要材料。

阅读链接

对于马王堆汉墓的发掘，周恩来、李先念等党和国家领导人都曾批示，直接指导发掘，仅周恩来的批示就达5次之多。

1972年初，马王堆出土千年不朽女尸的消息传开后，各方群众争相要求参观。每天有数万人拥入博物馆，许多外地群众也赶来长沙参观。

这个情况经由新华社记者反映给了国务院。因病住院的周恩来看到报告后批示：出土尸身和衣着、帛文还有其他文物非变质不可……必须立即采取办法，将尸身转到冰窖，消毒、防腐，加以化工处理。这是可以向群众说得通的，非当机立断不可。

接到周恩来的指示后，湖南省博物馆就将尸体连夜转移到了湖南医学院。

随葬物品珍贵而繁多

马王堆汉墓中的随葬品，种类之杂，数量之多，让人眼花缭乱，惊叹不已。

随葬物清单遣策竹简发现于东"边箱"，堆放在重叠的漆器上面，编缀的绳索已经腐朽散乱。

竹简共312枚，是用细竹劈开来制成的，颜色为黄褐色，背面的竹皮大多为绿色。从残余的绳子痕迹来判断，竹简是书写后再用细麻绳分为上、下两道将竹简顺序组编成册。

简上文字为墨书隶体，墨迹清晰，字体秀美。

竹简上的文字大多数可以辨识，是一册随葬物品清单，就是所谓的"遣策"，

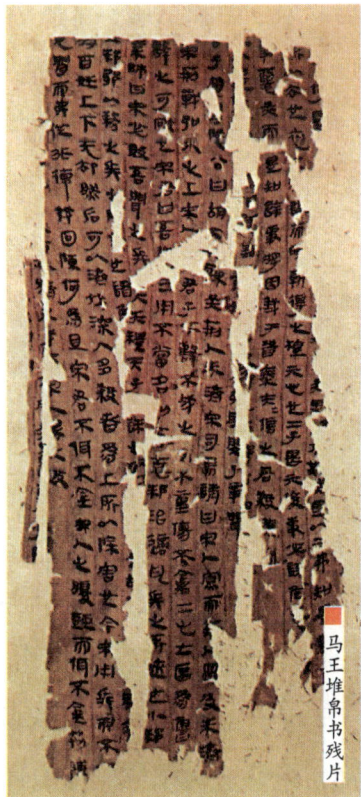

马王堆帛书残片

■ 马王堆出土的陶器

总共有722枚，其中一号墓312枚，三号墓410枚，内容均为逐件记录随葬物品的名称、数量和各种物品的分类小计。

马王堆遣策是同类竹简中最完整的两批。

一号墓的遣策所列器物清单的大概情况是这样的：用漆木制成的九鼎、七鼎和三鼎、二鼎盛放的各种羹，用竹笥盛放的肉食品，用陶器盛放的酱和酒，用布囊盛放的粮食，以及漆木器具、梳妆用品、丝织衣物、乐器、扇、席和土质、木质的东西。

三号墓中的遣策竹简，除大部分内容与一号墓相同外，还记载有骑从、乐舞、童仆等侍从，包括所持仪仗、兵器和乐器等物，这些都能同出土的木俑及棺房两壁的帛画大体对照起来。

马王堆汉墓中还发现有精美的彩绘帛画。帛画是我国古代的一个画种，因画在帛上而得名。帛是一种白色的丝织品，古人常用笔墨和色彩在上面描绘人物、走兽、飞鸟及神灵、异兽等形象。

马王堆汉墓共发现5幅帛画，其中一号墓1幅，三号墓4幅。这些帛画都是彩绘，保存得十分完整，它们大多色彩鲜艳，形象生动，是不可多得的艺术珍品。

一号墓的帛画为"T"字形。其画面完整，形象清晰，自上而下分段描绘天上、人间和地下的景象。

三号墓出土的一幅帛画与一号墓中那幅帛画的尺寸、形制、内容都相近。这两幅帛画以有序的层次，展示了汉初人们观念中的宇宙图景。取自远古神话的大量形象和按照现实描绘的人与物，构成天、地、人相沟通的境界。

在三号墓棺室西壁的一幅帛画长2.12米，宽0.94米，描绘了盛大的车马仪仗场面。有人认为这幅画描绘的是誓社、耕祠场面，也有人根据所绘的大都是武卒、车骑，认为描绘的是接受墓主检阅的仪仗。

三号墓的另一幅帛画为导引图。以红、蓝、棕、黑等颜色描绘男男女女做健身运动，共有4排44人的形象。这些人有男有女，有老有少，他们有的着长袍，有的穿短裙短裤，还有的裸露着上身。

运动的类型有伸展、屈膝、转体、跳跃等肢体运动，也有使用棍棒、沙袋、球类的器械运动，还有模仿熊、鹤、鸟等各种动物姿势的运动。

根据人物动作与旁边的题字，可知是一幅关于运动的画作，定名为《导引图》。

马王堆汉墓的随葬品中还有纺织品和衣物200余种。其中包括了汉代丝绸品种的大部分，如平纹组织的绢、缣、纱，绞经组织的素罗和花罗，斜纹组织的绮、锦、绒圈锦，袋状组织的绦带以及彩绘印花纱，还有大麻和苎麻制成的粗细麻布等。

在三号墓东边箱子的长方形漆盒中，发现

缣帛书 是简策装书以后的一种用丝织品书写成的书。《墨子》中提到"书于竹帛"，就是指在用竹简的同时，又有用缣帛写书的了。缣帛的幅面不定，可随意裁之，文章小、文字少可以用小块缣帛，文章大、文字多可以用大块缣帛。缣帛书出现和使用在竹简、木牍盛行的时期。

■ 马王堆出土文物

小篆 秦始皇统一六国后，推行"书同文，车同轨"，统一度量衡的政策，由宰相李斯负责，在秦国原来使用的大篆籀文的基础上，进行简化，取消其他六国的异体字，创制的统一文字汉字书写形式即为小篆。一直在我国流行到西汉末年，才逐渐被隶书所取代。但由于其字体优美，始终被书法家所青睐。

有大批的帛书。这些帛书是唯一可以和千年女尸媲美的东西。帛书又名缯书，它以白色丝帛为书写材料，其起源可以追溯到春秋时期。

马王堆汉墓的帛书共有28种，12万字，破损比较严重。帛书一般是把帛横摊着从右端开始直行写下去。有的先用墨或朱砂画好上下栏，再用朱砂画出直行格，此即为后代的"朱丝栏"。帛书有长有短。短的，一段帛上只写一种书或画一幅图；长的，写完一种书或画了一幅图后，并不剪断，而是另起一行接着书写或画另外的画。

帛书的体例不一，有的在第一行顶上涂一黑色小方块作标记，表示书从这里开始；有的则没有画行首的标记；有些书是通篇连抄，不分章节；有些用墨点记号分章；有些则提行另起章节。大部分帛书没有书名。有标题的，一般都写在文章末尾。

自从秦代统一文字，规定小篆作为全国标准字体之后，还规定隶书作为日用文字，通行全国。

整个帛书上的文字代表了这一时期字体的全貌。除了字体之外，另一个特点就是假借字多，简化字

■ 马王堆汉墓出土的饮酒漆器

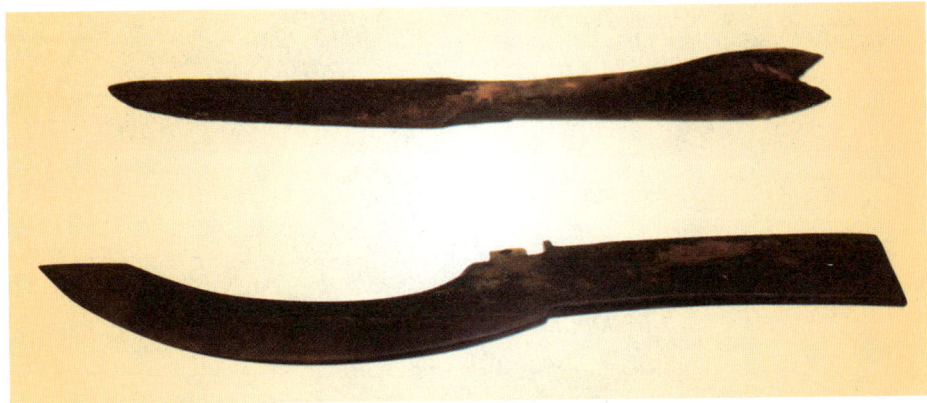

多，这些情况进一步表明，在秦统一全国文字后，西汉初年，我国文字又处在一个新的发展过程中。

据初步整理，马王堆三号墓的帛书一共28种多，12万字左右，从这批帛书的内容看，只有少数几种流传下来，而大部分是久已失传的佚书。书的内容以古代哲学思想、历史为主，也有相当一部分是当时自然科学方面的著作，还有各种杂书。

依《汉书·艺文志》分类，在这些马王堆汉墓的帛书之中，六艺类的有《周易》《丧服图》《春秋事语》和《战国纵横家书》。

诸子类的有《老子》甲本、《老子》乙本、《九主图》《黄帝书》。其中，甲、乙本《老子》为所见最古的本子。

兵书类的有《刑德》甲、乙、丙3种。

数术类的有《篆书阴阳五行》《隶书阴阳五行》《五星占》《天文气象杂占》《出行占》《木人占》《符篆》《神图》《筑城图》《园寝图》和《相马经》。其中《五星占》是我国现存最早的天文书。

方术类的有《五十二病方》《胎产图》《养生图》

五行 存在于我国古代的一种物质观，多用于哲学、中医学和占卜方面。五行指：金、木、水、火、土，认为大自然都是按照五行构成的，随着五行的兴衰，大自然发生变化，从而使宇宙万物循环，影响人的命运，是由于我国古代对于世界的认识不足而造成的。如果说阴阳是一种古代的对立统一学说，则五行可以说是一种原始的普通系统论。

■ 马王堆汉墓墓石上的浮雕 汉代浮雕图案多为龙、虎、瑞兽、凤鸟等动物，其浮雕特别是高浮雕技法，使神、禽、兽形态更为活灵活现，表现形式愈加精美。这些图案多雕刻于砖、石上，主要存在于墓葬建筑装饰，其表现内容十分广泛，涉及到汉代政治、经济、社会生活等各个方面。由于具有教化、纪念等实用功能，这种艺术在汉代十分流行。

《杂疗方》《导引图》，其中《五十二病方》是我国已发现的最古老的医书。另外，还有《长沙国南部地形图》《驻军图》《城邑图》3幅地图。

同时，马王堆汉墓还发现有瑟、竽、笛、琴、竽律5种乐器。另外还有和木俑附在一起的模型乐器钟、磬、筑3种。此外，在三号墓的遣策中，记载了不少歌舞、乐器的名称，如"楚歌者""河间舞者""郑舞者""建鼓""大鼓""钟磬""郑竽瑟""河间瑟"等。

从中，一方面能了解轪侯家轻歌曼舞的奢侈生活；另一方面也能增进我们对汉代音乐文化发展水平的了解。

其中一件黑漆二十五弦琴有25根弦，是一张木质的弦乐器。它的瑟面呈拱形，中间是空的，下面嵌有底板。首尾髹黑漆，其余光素。

底板两端有首岳和尾岳。首岳一条，右边有25个弦孔；尾部有内、中、外3条尾岳，内外岳左边各有9个弦孔，中尾岳左边有7个弦孔。尾端有4个系弦的木枘，枘端为银制，饰涡纹。

弦由4股丝左旋搓成，中岳上的弦较粗，内、外岳上的弦较细。每条弦下有拱形木柱。

另一件黑漆七弦琴，是木质的弦乐器。它通体黑漆，头宽尾窄，面圆底平，面底可以分开。面板木质松软，似为桐木，底板木质坚硬。面底各有一个"T"形槽，合起来形成共鸣箱。

马王堆一号墓有漆器184件，三号墓有316件，合在一起正好是500件。这样大量的漆器出土，在我国还是第一次。

这些漆器种类繁多，有盛装食物的鼎、盒、盘；有装酒或盛肉羹的锺、壶、钫；有喝酒或喝汤的耳杯、卮杯；有舀取食物的勺、匕；有盥洗用的盆、匜和沐盘；有盛托餐具的平盘和案；有放置各色各样梳

瑟 是我国最早的弹拨乐器之一。最早的瑟有五十弦，故又称"五十弦"。据《仪礼》记载，古代乡饮酒礼、乡射礼、燕礼中，都用瑟伴奏唱歌。战国至秦汉之际盛行"竽瑟之乐"。魏晋南北朝时期，瑟是伴奏的常用乐器。隋唐时期用于清乐。后来只用于宫廷雅乐和丁祭音乐。

■ 马王堆出土的带有文字的木片

鼎 是我国青铜文化的代表。鼎在古代被视为立国重器，是国家和权力的象征。鼎本来是古代的烹饪之器，相当于现在的锅，用以炖煮和盛放鱼肉。自从有了禹铸九鼎的传说，鼎就从一般的炊器而发展为传国重器。一般来说，鼎有三足的圆鼎和四足的方鼎两类，又可分有盖的和无盖的两种。有一种成组的鼎，形制由大到小，成为一列，称为列鼎。

理和化妆用具的多子奁盒；有娱乐用的博具；有日常生活用具和摆设如屏风和几等。

各式器形达20种以上，其中漆耳杯占漆器总数的一半以上，堪称是汉代漆器的杰作。

漆器大部分是木胎，只有少数奁和卮是夹胎。装饰花纹多为漆绘的红、黑和灰绿等色。纹样则以几何纹为主、龙凤纹和草纹为辅。

一些漆器书有"侯家""君幸酒""君幸食"字样，还有的注明器物容量，说明这些器具是由成都官府作坊制造的。它们制作精致，纹饰华丽。

在众多的漆器中，有一件云纹漆鼎格外耀眼。这件漆鼎为椭圆球形，盖是球面形，上有3个橙色的环形钮，盖与鼎身用子母扣套合，鼓腹，底略呈环形。器口附两平直耳，有3个兽蹄形足。

鼎的表面髹黑漆，器内髹红漆。口沿绘有一道菱纹图案。盖和器身绘红色和灰绿色涡卷纹和方连纹等组成的几何云纹。足部用朱漆绘兽面纹，两耳云纹。鼎底部均朱书"二斗"两字，表示这个器物的容量。

马王堆汉墓随葬的土笥共48件，多数在西边厢，

■ 马王堆文物漆盘

东边厢和南边厢内也有一些。

根据笥内遗物和木签上所记载，笥内随葬品大概可以分为丝织品、食品、草药类、明器等。

丝织品有六笥，其中衣笥二，缯笥二，另有二笥装香囊、鞋及丝织物碎片；食品是笥内随葬品中的主要部分，达到37笥；草药类有一笥，可辨识的有木贼、花椒、桂皮等；明器类有4笥，共计有泥珠1袋，木象牙8件，木犀角13件，木璧23件。

马王堆汉墓中还发现有一些制作精美、形象逼真的木俑。其中一号墓有100多件，三号墓有30多件，它们分为大型和小型两种，大型木俑出于东、南、北边厢，小型木俑出于中棺和内棺之间的隙缝中。

小型木俑除了3件着丝麻衣的以外，皆以小树枝劈削，墨绘眉目而成，以麻绳编结为两组。大型木俑分为立俑和坐俑。

大木俑有的着衣，有的彩绘，服饰、发髻略有区别，着衣俑的服装有罗袍、绣花袍和泥银彩绘袍等，衣袖内系用细竹条支撑。

屏风 古时建筑物内部挡风用的一种家具。屏风作为传统家具的重要组成部分，历史由来已久。屏风一般陈设于室内的显著位置，起到分隔、美化、挡风、协调等作用。它与古典家具相互辉映，相得益彰，浑然一体，成为家居装饰不可分割的整体，而呈现出一种和谐之美、宁静之美。

马王堆出土的木俑大多是用来盛放肉食品、谷物、果品和香料的竹筒，制作精美，形象逼真。其中以女性木俑最引人注目，一号汉墓中有一件女舞俑。

舞俑腿部微曲，好像正在翩翩起舞。舞俑体态袅娜，有曲线美；舞姿轻盈，有动感美；奋袖蹈足，有造型美。制作木俑的艺术家，仿佛赋予了舞俑生命似的，让她在人们面前轻歌曼舞。

在众多木俑中，其中有一组木俑显得格外引人注目，它们由5位乐师组成。其中2位乐师，站在地上，手中拿着吹奏乐器，其余3位乐师跪在地上，用来弹奏的乐器置于地面，摆放在身前。

在乐队俑的对面，放置漆几、屏风、手杖、绣枕、香囊、奁盒以及满盛食物的漆案，这种搭配与设置，当为模拟墓主人生前歌舞宴饮的场面。

阅读链接

长沙是历史悠久的古老城市，早在春秋战国时期，长沙的冶铸业、纺织业、漆器业就比较发达。

秦末汉初，中原地区由于农民大起义中遭到反动军队的残酷杀掠，以及楚、汉之间的连年战争，造成了社会经济的严重破坏，而长沙地区受影响较小，经济恢复也就较快。

西汉时期，这里一直是长沙国所在地，地方经济取得较大的发展。马王堆汉墓的营造及其出土遗物，在一定程度上反映了这个问题。

高贵的丝织品、精美的漆器的大量出土，仅就数量、品种、花纹来说，都是我国考古发掘工作中一次空前重要的发现，特别是覆盖在内棺上的彩绘帛画，更有重大的价值。

此外，保存完整的管弦乐器，也是十分难得的。它们为研究我国汉代的纺织业、漆器业、服饰制度以及绘画艺术和古代音乐，提供了十分可贵的实物资料。